Marianne J. Voelk
Burger, Puffer und Kroketten

Marianne J. Voelk

Burger, Puffer und Kroketten

fantastisch vegetarisch

Inhaltsverzeichnis

Köstlich und kein bisschen langweilig 6
Gesunder Gaumenschmaus 7
So schmecken Getreide, Obst und Gemüse garantiert 9
Beste Zutaten – möglichst frisch! 11
Zubereitung der Bratlinge – ein Kinderspiel 19
Wie wär's mit einer Burger-Party? 24

Feurige Exotikburger aus aller Welt 25
Knusprige Genüsse aus Getreide und Körnern 47
Leckerbissen aus Gemüse 63
Deftiger Gaumenschmaus aus Hülsenfrüchten 79
Kleine Delikatessen aus Nüssen 89
Erfrischendes aus Sprossen 99
Herzhafte Cheeseburger 109
Allerlei Pikantes aus Pilzen 121
Süße Früchteburger 129
Saucen, das Tüpfelchen auf dem »i« 141
    Pikante und scharfe Saucen 142
    Käsesaucen 151
    Süße Saucen 152

Die Autorin 155
Rezepte von A – Z 156

Köstlich und kein bisschen langweilig

Wer Burger und Gebratenes liebt, aber fleischlos kochen möchte, steht meist hilflos vor der Frage: »Was soll nun rein in die Pfanne?« Ganz einfach! Gehen Sie einkaufen und sehen Sie sich um. Die Natur bietet aus ihrer reichhaltigen Schatzkammer eine Fülle von Lebensmitteln, aus denen man allerhand Würzig-Schmackhaftes zaubern kann.
Nüsse, Körner, Hülsenfrüchte, Sprossen, Pilze, Gemüse, Obst, wertvolle Fette, Milchprodukte und Eier – die beiden Letzteren können auch vegan ersetzt werden – bilden die Grundsubstanzen für pikante Burger, Puffer, Kroketten, Frikadellen und viele andere leckere Kleinigkeiten, welche auch Kinderaugen aufleuchten lassen, selbst wenn sie sonst alles Gesunde ablehnen. Und mittels exotischer Zutaten und ein wenig Fantasie avancieren die kleinen Leckerbissen sogar zu kulinarischen Delikatessen für gehobene Ansprüche, die keinen Gedanken mehr an Rinder- und Schweinebuletten, Putenfilets oder Bratwurst verschwenden lassen.

Gesunder Gaumenschmaus

Die Rezepte in diesem Kochbuch verwöhnen nicht nur durch ihre geschmackliche Vielfalt und variablen Verwendungsmöglichkeiten, sie zeichnen sich darüber hinaus durch außergewöhnlichen Nährstoffreichtum aus wie wertvolles Eiweiß, die gesamte Palette an Vitaminen, Mineralstoffen und ungesättigten Fettsäuren sowie durch würzigen Geschmack und frisches Aroma. Die große Vielseitigkeit dieser kleinen Köstlichkeiten sowie eine reichliche Auswahl an schmackhaften Saucen bieten in Begleitung von Beilagen Ihrer Wahl zum Beispiel Pommes frites, Vollkornnudeln, Reis, Kartoffel- oder Blattsalat und Gemüsegerichten zahllose Kombinationen für wohlschmeckende, gesunde Mahlzeiten.

Wie der deutsche Burger nach Amerika auswanderte
Nach dem 2. Weltkrieg lernten die in Deutschland stationierten amerikanischen Soldaten unsere Frikadellen, Buletten, Fleischpflanzerln oder welche Bezeichnungen die kleinen, heißen Bratlinge je nach Landesregion auch tragen mögen, kennen und lieben. Bei Metzgern, in Imbissstuben und in Buden auf den Straßen wurden sie unter der Sammelbezeichnung »Hamburger« zusammen mit Brötchen auf Papptellern angeboten.
Sobald sie ihren Urlaub in den USA verbrachten, schwärmten die GIs in ihren Stammlokalen von den leckeren Bratlingen der Deutschen. Das brachte schlaue Besitzer von Fast-Food-Restaurants auf die grandiose Idee, mehr aus dem schlichten Imbiss zu machen. Die Fast-Food-Experten legten frisch gebackene Fleischbratlinge – sprich: unsere guten, alten Hamburger – auf mit Salatblättern oder Tomatenscheiben belegte heiße Bun-Rolls, jene weichen amerikanischen Brötchen, gaben Tomatenketchup hinzu, setzten den Brötchendeckel oben drauf und – unsere urdeutschen Hamburger waren zu »King-Burgern« und »Mäcs« befördert.

So schmecken Getreide, Obst und Gemüse garantiert

Es gibt gar keinen Grund, auf würzige Burger zu verzichten, wobei diese Bezeichnung heutzutage sowohl für den Bratling selbst gültig ist als auch für die gesamte »Packung« – das mit einem Bratling bestückte Bun-Roll (Burgerbrötchen).

Ein aufgebackenes Bun-Roll halbiert, oder wer's lieber mag, ein knuspriges Brötchen, darauf aus frischen Salatblättern, Tomaten- oder Gurkenscheiben und selbst produzierter, pikanter Sauce ein Bett für einen heißen vegetarischen Bratling bereitet, zum Abschluss mit einer Käsescheibe gekrönt und mit der oberen Hälfte des Bun-Rolls bedeckt und – fertig ist er, der köstliche, gesunde Burger.
Vorbei ist das nervige Naserümpfen und Quengeln, wenn Mütter ihren Kindern Gemüse, Getreide, Sprossen oder Hülsenfrüchte nahe bringen wollen. Diese Zutaten avancieren bald zu Lieblingsgerichten der Kinder, sobald sie herzhaft gewürzt und mit schmackhafter Sauce gut »versteckt« in Form von Bratlingen zwischen zwei Brötchenhälften eines Bun-Rolls auf ihren Tellern landen.
Auf diese Weise dargeboten, gewöhnen sich die lieben Kleinen sehr schnell an einst verschmähte Getreide- und Gemüsezutaten und akzeptieren auch bald die vielen weiteren Formen gebratener Vegetabilien, vor allem wenn dann auch noch ihre Lieblingsbeilagen Pommes frites oder Nudeln mit selbst gemachtem Ketchup oder Tomatensaucen serviert werden.

Und als Tüpfelchen auf dem »i«: Servieren Sie Ihren Kindern doch auch einmal einen Fruchtburger. Mit oder ohne Bun-Rolls können sie zu jeder Tageszeit angeboten werden. Außerdem sind diese süßen Köstlichkeiten auch – egal ob heiß aus dem Ofen oder gekühlt genossen – ein willkommenes Dessert.

Beste Zutaten – möglichst frisch!

Wer das Glück hat, auf dem Land in der Nähe von Biobauernhöfen zu leben, hat keine Probleme, sich mit frischen, schadstofffreien Lebensmitteln zu versorgen. In der Stadt ist im Reformhaus, im Naturkostladen und manchmal auch im Supermarkt auch alles zu haben, was das »Bioherz« begehrt, doch was die Frische der Lebensmittel, insbesondere von Obst, Gemüse und Kräutern angeht, kommt der Städter durch die langen Lieferwege manchmal ein wenig zu kurz. Da gibt's nur eines: Nach dem Einkauf alles möglichst bald verarbeiten oder Gemüse und Kräuter nur wenige Tage und umhüllt mit feuchtem Tuch im Kühlschrank aufbewahren. So bleiben die Vitamine erhalten und den Lebensmitteln wird durch die Kühlung keine Feuchtigkeit entzogen.
Bei Getreide und getrockneten Hülsenfrüchten gibt es bezüglich der Vorratshaltung kein Problem, denn unverletzte Samen bewahren ihre kostbaren Inhaltsstoffe wie Eiweiß, Mineralstoffe und Vitamine – vor allem den Reichtum an B-Vitaminen – bei trockener Lagerung jahrelang. Anders sieht es bei gemahlenen oder geschroteten Rohstoffen aus. Sie beginnen sehr bald zu oxidieren und verlieren nach und nach ihren Vitamingehalt, daher muss man im Geschäft auf das Verfallsdatum achten. Oder besser noch: Man mahlt und schrotet selbst.

Sprossen – die Vitalstoffproduzenten

Sprossen sind eine bedeutende Kraftquelle für den Organismus und ihre wertvollen Inhaltsstoffe können vom Körper ausgezeichnet verwertet werden.
Es ist ganz leicht, sie selbst in der Küche zu ziehen. Im Reformhaus und in Naturkostläden erhalten Sie Samen aus dem Biolandbau sowie praktische und preiswerte Keimgeräte in verschiedenen Ausführungen – vom einfachen Keimglas bis zum Gerät mit drei über-

einander liegenden Schalen, in dem gleichzeitig verschiedene Sorten von Getreide, Samen oder Hülsenfrüchten keimen können.
Sie brauchen nichts weiter zu tun, als in der Frühe und abends das Keimgut mit frischem Wasser zu spülen. Die Keimgeräte haben entweder einen gelochten Boden oder einen Abfluss, so dass das Wasser wieder in eine Auffangschale abfließen kann.
Sie können die gekeimten Körner oder Samen essen, wenn der Keim etwa 5 mm Länge erreicht hat; je nach Keimgut nach 2 – 5 Tagen.
Die Sprossen lassen sich jedoch auch problemlos in einem größeren Gurkenglas ziehen. Sie füllen die gewünschte Menge Samen ein und spannen mit einem Gummi ein dünnes Taschentuch über den Glasrand. Nun spülen Sie morgens und abends mit lauwarmem Wasser und gießen das überschüssige Wasser durch das Taschentuch ab.

Nüsse und Kerne für Energie und Biss

Nüsse, Kerne und Samen enthalten pure Lebenskraft, weil sie mit allen Vitalstoffen gesegnet sind, die sie zur Entwicklung der Pflanze brauchen. Sie sind wertvolle Lieferanten von Eiweiß, Vitaminen, Mineralstoffen, Spurenelementen und lebenswichtigen, ungesättigten Fettsäuren.

Natürliche Fette für mehr Geschmack

In den Rezepten für das Bratgut werden meist kaltgepresste Öle verwendet, weil sie den Teig wunderbar geschmeidig machen. Der angegebene Fettanteil wird mit der vielfachen Menge an weiteren Zutaten vermengt oder ergänzt, daher ist der effektive Fettgehalt gering.

Von den zugehörigen Saucen bestehen einige vorwiegend aus Gemüse oder Früchten, bei anderen bildet Joghurt oder Quark die Basis, also eine gering fetthaltige Variante, und wieder andere enthalten reichlich Crème fraîche oder Sahne, was den Bratlingen einen besonders vollmundigen Geschmack verleiht.

Aber bitte – keine Angst vor Fett! Fette sind Geschmacksträger und bewirken, dass wir die Speisen mit Appetit essen. Fette werden erst dann zum Problem, wenn wir zu viel von den falschen essen, daher sollten wir keinesfalls hochverarbeitete minderwertige Speiseöle und Fette verwenden. Unser Körper braucht zum gesunden Stoffwechsel natürliche Fette wie kaltgepresste Öle, Milchfette und Fette, die wir mit Nüssen und Kernen zu uns nehmen.

Keine Angst vor Fett!

Jeder, der aus Gewichtsgründen äußerst geizig mit Fett umgeht, wird eines Tages feststellen müssen, dass dies die Fettpölsterchen herzlich wenig stört; sie kommen sehr schnell wieder. Hier hilft nur eines: die Umstellung auf vitalstoffreiche Vollwertkost!

Wer aber den Fehler begeht, auf gesunde Fette völlig zu verzichten, nimmt zwangsläufig nur noch versteckte Fette, wie sie z. B. in Wurstwaren enthalten sind, zu sich, die überdies noch denaturiert sind, das heißt, weitgehend frei von Vitalstoffen. Das hat fatale Auswirkungen: Der Körper wird nicht mehr ausreichend mit den Vitaminen A, D, E und K versorgt, da zu deren Verwertung naturbelassene Fette unerlässlich sind. Außerdem kommt es zur Unterversorgung von ungesättigten Fettsäuren, deren Träger die naturbelassenen Fette selbst sind.

Geeignete Bratfette

Butter und hochwertige Pflanzenmargarine sind zwar zum schonenden Dünsten und Braten geeignet, zum scharfen Anbraten sollten sie aber besser nicht verwendet werden. Ähnlich ist es mit Olivenöl, das nur bis 180 °C problemlos erhitzt werden kann. Natives Rapsöl ist hitzestabiler als Sonnenblumenöl, macht aber auch schon bei etwa 140 °C schlapp.

Zum scharfen Anbraten und Frittieren sind ungehärtete Kokos- oder Palmkernfette aus dem Reformhaus und dem Naturkostladen geeignet. Sie enthalten weniger ungesättigte Fettsäuren als Pflanzenöle und sind daher zwar für die Ernährung weniger empfehlenswert, zum Braten aber besser geeignet.

Konventionelle Bratfette mit gehärteten Fettanteilen sind dagegen nicht empfehlenswert. Durch die Fetthärtung können Transfettsäuren entstehen, die unter anderem den Cholesterinspiegel negativ beeinflussen.

Auch spezielle Bratöle, die in Reformhäusern und Naturkostläden angeboten werden, sind für hohe Temperaturen geeignet. Diese Öle werden aus besonderen Sonnenblumen- oder Distelsorten, die durch Züchtung einen höheren Ölsäureanteil haben, hergestellt. Sie sind kaltgepresst, werden zwar mit Wasserdampf behandelt, enthalten aber im Gegensatz zu extrahierten und raffinierten Ölen

noch natürliche Farb- und Aromastoffe. Teilweise werden sie mit anderen Ölen, zum Beispiel Sesamöl, gemischt.
Nachteil der ungehärteten Pflanzenfette und der Bratöle: Sie können beim Braten spritzen.

Ei-Ersatz auf Wunsch

Eier, die von Freilandhühnern aus der Biolandwirtschaft stammen, sind für unsere Bratlinge natürlich die erste Wahl. Wer, aus welchen Gründen auch immer, auf Eier verzichten will, hat verschiedene Möglichkeiten zur Auswahl, die Eier in den Bratlingen effizient zu ersetzen.

a) Ei-Ersatz aus Leinsamen: Mit dem kleinen Schneebesen 3 gehäufte Teelöffel geschroteten Leinsamen mit 30 ml heißem Wasser in 2 Minuten zu einer zähflüssigen Masse schlagen.
b) Ei-Ersatz aus Kichererbsenmehl: Mit dem kleinen Schneebesen 2 Teelöffel Kichererbsenmehl mit 50 ml kochendem Wasser in 2 Minuten zu einer zähflüssigen Masse schlagen.
c) Sibylle-Diät, Ei-Ersatz aus dem Reformhaus: 10 g Pulver mit 40 ml Wasser schaumig schlagen.

Kräuter und Gewürze für den »letzten Pepp«

Frische Kräuter verfeinern jedes Gericht. Doch im Winter, wenn frische Kräuter nicht erhältlich sind, oder wenn es gerade mal schnell gehen muss, bieten getrocknete Kräuter guten Ersatz.

Kräuterpulver aus getrockneten Kräutern

Eine pikante Mischung besteht z. B. aus folgenden gerebelten Kräutern:

je 6 EL Basilikum, Dill, Estragon, Kerbel, Liebstöckel, Ysop und Borretsch
je 3 EL, Majoran, Rosmarin und Thymian
je 2 EL Salbei und Oregano

Die Kräuter mit dem elektrischen Handmixgerät mahlen und das Pulver in einem Schraubglas aufbewahren.

Gewürze zum Mitkochen im Tee-Ei

In einigen Rezepten in diesem Buch werden Sie die Empfehlung »Gewürze zum Mitkochen im Tee-Ei« finden. Diese Methode ist in vielen Fällen sehr sinnvoll, wenn wir nur das Aroma der Gewürze genießen möchten, aber nicht – zum Beispiel – auf eine bittere Wacholderbeere in unserem Burger beißen wollen.

Manche Gewürze wie Stangenzimt, Lorbeerblätter, Wacholderbeeren, Gewürznelken oder Pfefferkörner haben ihre Schuldigkeit nach dem Weichkochen von Getreide oder Hülsenfrüchten erfüllt, sind aber in der Teigmasse nur schwer wieder zu finden. Kocht man sie im Tee-Ei mit, können sie problemlos entnommen werden.

Fertige Gewürzmischungen

In einigen Rezepten werden Würzmischungen aus dem Reformhaus verwendet. Meist ist es einfacher, hiervon einen Teelöffel zu verwenden als dem Rezept die vielen in der Mischung enthaltenen Zutaten abgemessen nach Messerspitzen hinzuzufügen.
Delikata ist eine salzfreie Mischung fein-würziger Kräuter und Gewürze, beispielsweise Kurkuma, Sellerieblatt, Koriander, Muskat und Liebstöckel.

Auch *Picata* ist frei von Salz und enthält Kräuter und verschiedene Gewürze wie Piment, Koriander, Pfeffer und Chili. Es gibt den Gerichten eine pikant-scharfe Richtung.

Delifrut wird für süße und fruchtige Speisen verwendet und enthält unter anderem Zimt, Sternanis, Vanille und Kardamom.

Wem der eine oder andere Burger zu sanft schmeckt, kann ihn durch vorsichtige Zugabe von *Harissa* aufpeppen. Harissa ist eine pikante und ziemlich scharfe Paste aus Chilis, etwas Knoblauch, Gewürzen und Olivenöl. Die Chilipaste ist, im Kühlschrank aufbewahrt, lange haltbar und kann außer für Burger auch für viele pikante Pastasaucen, Gemüsegerichte und Suppen verwendet werden. Ein Rezept zum Selbermachen finden Sie auf Seite 143.

Auch mit *Sojasauce* kann man nach eigenem Gusto den Geschmack der Burger verändern und verfeinern. Sojasaucen aus dem Reformhaus oder Naturkostladen werden traditionell hergestellt. Dazu gärt ein Brei aus Sojabohnen, Meersalz und Wasser unter Zusatz eines Schimmelpilzes in Zedernholzfässern über mehrere Monate oder sogar Jahre. Das Ergebnis ist eine aromatische, salzige Sauce. Empfehlenswert ist *Tamari* in Bio-Qualität, hier garantieren die Hersteller, dass keine genmanipulierten Bohnen verwendet werden.

Konventionelle Sojasaucen werden aus Sojaextrakt im chemischen Schnellverfahren und mit Hilfe verschiedener Zusatzstoffe hergestellt.

Geröstete Sonnenblumenkerne

Geröstete Sonnenblumenkerne geben vielen Bratlingen einen besonderen Geschmack. Sie werden in der Pfanne bei mittlerer Hitzezufuhr unter ständigem Rühren ohne Fett geröstet, bis sie eine zartgelbe Farbe angenommen haben und angenehm duften. Sofort auf einen Teller schütten und abkühlen lassen. Sie können sie auf Vorrat herstellen und in einer Vorratsdose aufbewahren. Auf diese Weise werden auch Kürbiskerne geröstet.

Zubereitung der Bratlinge – ein Kinderspiel

Die kleinen Leckerbissen sind ohne großen Aufwand zuzubereiten. Sie brauchen nicht viel Zubehör und das meiste wird ohnehin in Ihrer Küche vorhanden sein. Eine Küchenmaschine ist nicht unbedingt nötig, kleine Küchenhelfer sind schnell einsetzbar und überdies leicht zu reinigen. Da für die kleinen Mengen Gemüse, die für die verschiedenen Rezepte verwendet werden, der Einsatz der großen Küchenmaschine nicht sinnvoll ist, erweist sich ein mit auswechselbaren, unterschiedlich feinen Reibeflächen ausgestatteter Handhobel als ausreichender Helfer.

Frische Kräuter verfeinern jedes Gericht, daher ist die Kräutermühle unentbehrlich. Sie verarbeitet alle Küchenkräuter im Handumdrehen zu feinen Schnipseln.

Die Knoblauchpresse liefert fein zerdrücktes Mus und elektrische Handmixgeräte mit Auffangbecher, wie beispielsweise der Zauberstab, verarbeitet mühelos Nüsse, Mandeln und Samen zu Schrot oder Mehl.

Waschen – putzen – schälen – schrubben

Die meisten Gemüse müssen nur gewaschen, beziehungsweise nass abgebürstet werden. Lediglich Petersilienwurzeln, Kohlrabi, Spargel und Sellerie werden geschält.

Bei Schotengemüse wie Paprika, Chili und Peperoni werden Stiel und Blüte, Innenwände und Kernhaus entfernt.

Von frischen Ananasscheiben wird die Schale großzügig abgeschnitten und mit einem spitzen Messer die holzige Mitte herausgestochen.

Von einem 3 – 4 cm langen Stück einer Ingwerwurzel wird die Haut abgeschabt und die blanke Wurzel auf einer mittelfeinen Reibe – z. B. Zitronenreibe – gerieben. So werden Verletzungen an der Hand vermieden.

Auberginen von Blüte und Stiel befreien; die Haut kann mitgegessen werden. Die Empfehlung, Auberginen so lange im Backofen zu braten, bis sie schwarz sind und die Haut sich abziehen lässt, hat große Nachteile. Diese Prozedur bewirkt einen hohen Vitaminverlust. Das Gleiche gilt für Paprikaschoten.

Tomaten können auf Wunsch enthäutet werden. Tomaten kurz in kochend heißes Wasser legen. Sobald die Haut platzt, die Tomaten herausnehmen und die Haut abziehen.

Pilze saugen sich schnell mit Wasser voll wie ein Schwamm, daher Überreste von Erde nur trocken abbürsten, schadhafte Stellen und das Ende des Stiels abschneiden. Wenn unbedingt nötig, die Pilze zum Schluss in einem groben Sieb kurz abbrausen, sofort auf ein Küchentuch geben und ein zweites Tuch darüber legen und trockentupfen.

Frische Kräuter kurz durch eine Schüssel mit Wasser ziehen und auf einem Küchenhandtuch trockenklopfen.

Formen – backen – frittieren – grillen

Formen von flachem Bratgut

Aus dem Teig mit angefeuchtetem Esslöffel Portionen nehmen und im Handteller Kugeln bilden. Die Kugel anschließend in der Pfanne oder auf dem Backblech mit dem Löffelrücken niederdrücken, bis die gewünschte Form und Höhe entsteht. Eine Ausnahme bilden die Cheeseburger: Sie kommen in Form von Kugeln in die Pfanne oder in den Backofen. Durch ihren hohen Käseanteil laufen sie beim Backen von selbst zu Bratlingen aus.

Die übliche Methode, kleines Bratgut zu garen, ist natürlich das Ausbacken in der Pfanne in reichlich Fett.

Am zeitsparendsten und vorteilhaftesten geht das Backen, besonders bei einer größeren Menge, im Backofen:

1. Den Backofen auf 200 °C (Umluft 180 °C) vorheizen.

2. Das Bratgut auf ein leicht gefettetes Backblech setzen und sparsam mit Öl einpinseln oder aus dem Ölspender besprühen.

3. Das Blech auf der mittleren Schiene einschieben und das Bratgut 10 – 15 Minuten hell backen. Dann mit der Backschaufel wenden, mit Alufolie (kann immer wieder verwendet werden) bedecken und weitere 10 – 15 Minuten backen. Wenn man mit der Backschaufel auf einen Bratling drückt, sollte er noch elastisch sein.

4. Wenn das Bratgut in Bun-Rolls »verpackt« werden soll, während der letzten 3 Minuten Backzeit die Bun-Roll-Hälften mit der Schnittfläche auf ein separates Backblech legen und mit Folie bedecken, damit sie weich bleiben. Am Boden einschieben.

Kroketten und Bällchen

Ebenso wie oben beschrieben, mit angefeuchtetem Esslöffel dem Teig Portionen entnehmen, nun aber im Handteller längliche Kroketten oder runde Bällchen formen. In einem Teller mit Vollkornzwieback- oder Vollkornsemmelbröseln wälzen und in der Pfanne in reichlich Bratfett von allen Seiten hell ausbacken oder in der Fritteuse bei 175 °C 1 – 2 Minuten goldgelb frittieren.

Grillen auf dem Holzkohlengrill

Bratgut von fester Konsistenz kann auf dem Rost gegrillt werden. Cheeseburger und Tortillas legt man am besten auf eine Grillplatte oder in wieder verwendbare Grillschalen. Gut einpinseln oder einsprühen mit Öl nicht vergessen. Hierzu eignen sich die praktischen Sprühfläschchen für Speiseöle, die in jedem Haushaltswarengeschäft erhältlich sind.

Wie wär's mit einer Burger-Party?

Eine Party macht Spaß, wenn die Vorarbeit nicht in stundenlanges, schweißtreibendes Hantieren am Herd ausartet. Bei der Vorbereitung von leckeren, vegetarischen Bratlingen entfällt diese Mühsal jedoch.

Durch gute Planung lässt sich die Zubereitung auf wenige Stunden über mehrere Tage verteilt eingrenzen; das garantiert bestes Gelingen und der Stress bleibt aus. Die Teige für die verschiedenen Bratlinge können schon einige Tage vorher zubereitet werden und im Kühlschrank auf ihren Auftritt auf dem Gartengrill oder in der Bratpfanne warten. Wer genügend Platz hat, kann sogar die bereits geformten Burger, Puffer oder Kroketten auf folienbezogenen Papptabletts kühl aufbewahren.

Vorbereitete Salate bleiben in gut verschließbaren Dosen – am besten in Vakuumbehältern – tagelang knackig, wenn die ebenfalls vorbereiteten Salatsaucen separat aufbewahrt werden.

Auch vegetarische Cremes, Saucen und Dips halten sich gut gekühlt einige Tage frisch und werden kurz vor Beginn der Party aus dem Kühlschrank geholt. Auf diese Weise vorbereitet, können die Gastgeber die Party ebenso genießen wie die Gäste.

Feurige Exotikburger aus aller Welt

Mexikoburger

Für 8 – 10 Stück:

100 g schwarze Bohnen, über Nacht
  in reichlich kaltem Wasser eingeweicht
300 ml Gemüsebrühe
Kochgewürze im Tee-Ei: 1 Lorbeerblatt,
  3 Wacholdenbeeren und 3 Gewürznelken
2 Zwiebeln, fein gehackt
1 Knoblauchzehe, zerdrückt
4 EL Sesamöl + 1 TL Chiliöl
1 rote Piri Piri (besonders scharfe Chilischote aus dem Glas),
  fein geschnitten
3 TL Paprikapulver, edelsüß
¼ – ½ TL Chilisauce (siehe S. 143)
Vollmeersalz
200 g rote Peperonischoten, klein gewürfelt
100 g Gemüsemais
3 EL frische Kräuter, gehackt (Oregano, Borretsch und Petersilie)
  oder 1 TL Kräuterpulver (siehe S. 16)
2 Eier (vegan: Ei-Ersatz, siehe S. 15)
3 – 4 EL Maismehl
Kräutersalz
Pfeffer aus der Mühle

Die eingeweichten Bohnen abbrausen und in der Gemüsebrühe mit den Kochgewürzen etwa eine Stunde lang weich kochen. Gewürze vor der Weiterverarbeitung herausnehmen.
Zwischenzeitlich Zwiebeln und Knoblauch in Öl goldgelb dünsten. Piri Piri, Paprikapulver, Chilisauce und etwas Salz unterrühren. Peperoniwürfel, Gemüsemais und Kräuter mit dem abgekühlten Pfanneninhalt mischen. Die Eier unterkneten und so viel Maismehl unterarbeiten, bis ein formbarer Teig entsteht. Mit Salz und Pfeffer pikant abschmecken.
Formen und backen wie auf Seite 22 beschrieben.

Hierzu passt beispielsweise Teufelssauce (siehe S. 146) oder scharfe Tomatensauce (siehe S. 145).

Indianerburger Tarahumara

Für 8 – 10 Stück:
100 g getrocknete Feuerbohnen,
  über Nacht in reichlich Wasser eingeweicht
300 ml Gemüsebrühe
Kochgewürze im Tee-Ei: 6 schwarze Pfefferkörner,
  4 Gewürznelken und 2 cm Zimtstange
1 Zwiebel, gehackt
1 Knoblauchzehe, zerdrückt
3 EL Sonnenblumenöl
4 eingelegte Trockentomaten, fein gewürfelt
100 g Gemüsemais
50 g Pekannüsse, gehackt
2 Eier (vegan: Ei-Ersatz, siehe S. 15)
2 EL Kräuter, fein gehackt: z. B. Liebstöckel, Kerbel, Borretsch
½ – 1 TL Kardamompulver
½ TL Chilipulver
3 – 4 EL Vollkornzwiebackbrösel
Kräutersalz
Pfeffer aus der Mühle

Die eingeweichten Bohnen abtropfen lassen und zusammen mit den Kochgewürzen in der Gemüsebrühe etwa 1 Stunde bei geringer Hitzezufuhr weich kochen.
Inzwischen Zwiebeln und Knoblauch in Öl dünsten, bis die Zwiebeln eine goldgelbe Farbe angenommen haben. Tomatenwürfel, Mais und Nüsse hinzufügen und kurz mitbraten.
Das Tee-Ei aus dem Bohnentopf entfernen und eventuell überschüssige Flüssigkeit abgießen.
Die Bohnen mit dem elektrischen Handrührgerät zerkleinern oder mit der Gabel zerdrücken. Den abgekühlten Pfanneninhalt unter

die Bohnenmasse mischen, Eier, Kräuter und Gewürze untermengen und mit Bröseln zu einem formbaren Teig verkneten. Mit Salz und Pfeffer pikant abschmecken.
Formen und backen wie auf Seite 22 beschrieben.

Dazu schmeckt z. B. Teufelssauce (siehe S. 146) oder Ananas-Kokos-Sauce (siehe S. 148).

Indianerburger Maskoki

Für 8 Stück:
1 Zwiebel, fein gehackt
1 Knoblauchzehe, zerdrückt
4 eingelegte Trockentomaten, fein gewürfelt
2 EL Sonnenblumenöl
300 g Topinambur, mit Schale gerafelt
50 g Kräuterfeta, zerkrümelt (vegan: 30 g Erdnussmus)
5 EL Portulak (ersatzweise Rapunzel), fein geschnitten
50 g Pekannüsse, grob gehackt
2 Eier (vegan: Ei-Ersatz, siehe S. 15)
2 TL Paprikapulver, edelsüß
½ TL Chilipulver
3 EL Maismehl
Kräutersalz
Pfeffer aus der Mühle

Zwiebeln, Knoblauch und Tomatenwürfel in Öl anbraten. Topinambur mit Fetakrümeln, Portulak und Nüssen mischen. Pfanneninhalt, Eier und Gewürze dazugeben und mit Maismehl zu einem formbaren Teig verkneten. Mit Salz und Pfeffer pikant abschmecken.
Formen und backen wie auf Seite 22 beschrieben.

Zu den Burgern passt sehr gut süßscharfe Curry-Mango-Sauce (siehe S. 145).

Karibikburger

Für 8 Stück:
2 rote Zwiebeln, fein gehackt
1 Knoblauchzehe, zerdrückt
2 EL Sonnenblumenöl + 1 TL Chiliöl
1 – 2 Chilischoten, ohne Kernhaus klein geschnitten
50 g Paranüsse, gehackt
200 g rote Paprikaschoten, in feine Streifen geschnitten
100 g Ananas, klein gewürfelt
3 Trockentomaten, klein gewürfelt
30 g Sesammus
2 TL Paprikapulver, edelsüß
2 EL Granatapfelsamen, zerstoßen
   (Ersatz: 1 EL geriebene Zitronenschale)
½ – 1 TL Harissa (siehe S. 143)
2 Eier (vegan: Ei-Ersatz, siehe S. 15)
2 EL frische Kräuter, gehackt: Basilikum, Kerbel und
   Liebstöckel oder 1 TL Kräuterpulver (siehe S. 16)
6 EL Kichererbsenmehl
Vollmeersalz
Cayennepfeffer

Zwiebeln und Knoblauch in Öl goldgelb braten. Chilies und Paranüsse kurz mitbraten. Paprika, Ananas, Tomatenwürfel und Sesammus mischen, Paprikapulver, Granatapfelsamen und Harissa hinzufügen und alles in die Pfanne rühren. Kurz mitdünsten. Die Eier mit dem abgekühlten Pfanneninhalt vermengen, Kräuter, Gewürze und Kichererbsenmehl darüber streuen und untermischen. Mit Salz und Pfeffer pikant abschmecken.
Formen und backen wie auf Seite 22 beschrieben.

Hierzu passt beispielsweise Ananas-Kokos-Sauce (siehe S. 148).

Bombayburger

Für 12 Stück:
200 g grüne Trockenerbsen,
  über Nacht in reichlich Wasser eingeweicht
Gewürze zum Mitkochen im Tee-Ei:
  4 Gewürznelken und 1 Zimtstange
400 ml Gemüsebrühe
2 Zwiebeln, klein gehackt
4 EL Sesamöl + 1 TL Chiliöl
100 g Egerlinge, klein gewürfelt
1 rote Peperonischote, fein geschnitten
1 Knoblauchzehe, zerdrückt
1 EL Ingwerwurzel, fein gerieben
2 Eier (vegan: Ei-Ersatz, siehe S. 15)
1 EL Limonensaft (ersatzweise Zitronensaft)
1 EL Korianderkraut, fein geschnitten
1 EL Currykraut, gehackt (ersatzweise 2 TL Curry)
½ TL Kreuzkümmelpulver
½ – 1 TL Kardamompulver
Kräutersalz
Pfeffer aus der Mühle

Die eingeweichten Erbsen gut spülen und mit den Gewürzen in der Gemüsebrühe etwa 1 Stunde weich kochen.
Zwischenzeitlich die Zwiebeln in Öl andünsten, Egerlinge- und Peperoniwürfel, Knoblauch und Ingwer hinzufügen und bei geringer Hitze etwa 10 Minuten im offenen Topf mitbraten. Die Pilze dürfen keinen Saft abgeben.
Die gegarten Erbsen in einem Sieb abtropfen lassen und nach dem Abkühlen mit dem Schlagmesser des elektrischen Handrührgerätes zerkleinern oder mit der Gabel zerdrücken.
Die Eier und den abgekühlten Pfanneninhalt sowie Limonensaft und Gewürze unter die Erbsenmasse mischen und alles gut verkneten. Mit Salz und Pfeffer pikant abschmecken.
Formen und backen wie auf Seite 22 beschrieben.

Zu den Burgern schmeckt Curry-Mango-Sauce (siehe S. 145) hervorragend.

Thaiburger

Für 8 Stück:
150 g Natur-Rundkornreis, kalt abgebraust
300 ml Gemüsebrühe
3 Frühlingszwiebeln, gehackt
1 Knoblauchzehe, zerdrückt
3 EL Erdnussöl
100 g Shiitake, klein gewürfelt
1 entkernte Chilischote, klein geschnitten
je 1 EL Zitronengras und Korianderkraut, gehackt
80 g Erdnüsse, gehackt
1 EL Ingwerwurzel, fein gerieben
1 TL Paprikapulver, edelsüß
¼ TL Cayennepfeffer
3 große Eier (vegan: Ei-Ersatz, siehe S. 15)
Sojasauce (Bio-Tamari)
Kräutersalz
Pfeffer aus der Mühle

Reis in der Brühe etwa 45 Minuten weich kochen. Zwiebeln und Knoblauch in Öl anbraten. Pilze, Chili, Zitronengras, Erdnüsse und Ingwer dazugeben und etwa 5 Minuten mitdünsten. Alle Zutaten mit dem Reis vermengen. Mit Sojasauce, Salz und Pfeffer pikant abschmecken.
Formen und backen wie auf Seite 22 beschrieben.

Hierzu passt beispielsweise süßscharfe Ingwersauce (siehe S. 149).

Chinaburger

Für 12 Stück:
150 g Natur-Rundkornreis, kalt abgebraust
300 ml Gemüsebrühe
4 Frühlingszwiebeln, feine Ringe
1 Knoblauchzehe, zerdrückt
3 EL Sesamöl + 1 TL Chiliöl
100 g eingeweichte Mu-Err-Pilze, klein gewürfelt
1 rote Peperonischote, klein gewürfelt
90 g Bambussschößlinge (aus dem Glas), klein geschnitten
1 EL Ingwerwurzel, fein gerieben
je 1 TL Curcuma und Paprikapulver, edelsüß
je ½ TL Kardamom und Koriander, gemahlen
3 große Eier (vegan: Ei-Ersatz, siehe S. 15)
Sojasauce (Bio-Tamari)
Kräutersalz
Pfeffer aus der Mühle

Reis in der Brühe etwa 45 Minuten weich kochen. Zwiebeln und Knoblauch in Öl anbraten. Pilze, Peperoniwürfel, Bambusschößlinge und Ingwer hinzufügen und 10 Minuten mitbraten. Bratgut, Gewürze und Eier mit dem Reis vermengen. Mit Sojasauce, Salz und Pfeffer abschmecken.
Formen und backen wie auf Seite 22 beschrieben.

Dazu können Sie süßscharfe Ingwersauce (siehe S. 149) oder Kokos-Bananen-Sauce (siehe S. 152) reichen.

Keniaburger

Für 12 Stück:

200 g Augenbohnen, über Nacht
   in reichlich Wasser eingeweicht
400 ml Gemüsebrühe
2 Zwiebeln, fein gehackt
2 Knoblauchzehen, zerdrückt
2 Chilischoten ohne Kernhaus, fein geschnitten
4 EL Erdnussöl
100 g geröstete Erdnüsse, gehackt
80 g frische Datteln, grob geschnitten
4 EL Kokosflocken
½ – 1 TL Harissa (siehe S. 143)
3 TL Paprikapulver, edelsüß
½ TL Kreuzkümmelpulver
½ – 1 TL Kardamompulver
3 EL frische Kräuter, gehackt: Basilikum, Kerbel, Liebstöckel,
   Koriander oder 1 TL Kräuterpulver (siehe S. 16)
2 Eier (vegan: Ei-Ersatz, siehe S. 15)
Vollmeersalz
Pfeffer aus der Mühle

Die eingeweichten Augenbohnen spülen und in der Gemüsebrühe etwa 15 Minuten weich kochen. Anschließend die Bohnen in ein Sieb schütten und eventuell überschüssige Flüssigkeit abtropfen lassen.
Zwiebeln, Knoblauch und Chilischoten in Öl goldgelb braten. Die Bohnen mit dem Schlagmesser des elektrischen Handrührgerätes zerkleinern oder mit der Gabel zerdrücken.
Den abgekühlten Pfanneninhalt, Erdnüsse, Datteln und Kokosflocken mischen. Harissa, Gewürze und Kräuter unterrühren, die Eier in den Teig geben und alles gut verkneten. Mit Salz und Pfeffer pikant abschmecken.
Formen und backen wie auf Seite 22 beschrieben.

Hierzu schmeckt Ananas-Kokos-Sauce (siehe S. 148).

Toledoburger

Für 8 Stück:
2 Zwiebeln, fein gehackt
2 Knoblauchzehen, zerdrückt
2 EL Olivenöl
1 grüne Peperonischote, klein gewürfelt
1 TL Senfsamen, fein zerstoßen
30 g Pistazien, gehackt
2 TL Paprikapulver, edelsüß
¼ – ½ TL Chilisauce (siehe S. 143)
½ TL Chilipulver
Vollmeersalz
roter Pfeffer
100 g festes Tomatenfruchtfleisch ohne Kernhaus, klein gewürfelt
2 eingelegte Trockentomaten, fein gewürfelt
200 g rote Paprikaschoten, in feine Streifen geschnitten
60 g Kräuterfeta, zerbröselt (vegan: 40 g Sesammus)
2 Eier (vegan: Ei-Ersatz, siehe S. 15)
3 EL gemischte Kräuter, gehackt: Rosmarin, Thymian, Basilikum, Oregano oder 2 TL Kräuterpulver
4 – 6 EL Kichererbsenmehl
Kräutersalz
Cayennepfeffer

Zwiebeln und Knoblauch in Öl goldgelb dünsten. Peperoniwürfel, Senfsamen, Pistazien und Paprikapulver hinzufügen und kurz mitbraten. Chilisauce, Chilipulver, etwas Salz und roten Pfeffer unterrühren.
Tomaten kurz in kochendes Wasser tauchen, bis die Haut platzt. Die Haut abziehen, die Tomaten durchschneiden, das Kernhaus entfernen und das Fruchtfleisch in Würfel schneiden. Tomatenwürfel, Paprikawürfel und Fetabrösel mit dem abgekühlten Pfanneninhalt vermengen. Eier und Kräuter unter die Gemüsemasse kneten und mit Kichererbsenmehl zu einer formbaren Masse verarbeiten. Mit Salz und Pfeffer pikant abschmecken.
Formen und backen wie auf Seite 22 beschrieben.

Dazu passt beispielsweise Teufelssauce (siehe S. 146) oder scharfe Tomatensauce (siehe S. 145) sehr gut.

Salonikiburger

Für 8 Stück:
1 Zwiebel, fein gehackt
2 Knoblauchzehen, fein gehackt
1 rote Peperonischote, klein gewürfelt
3 EL Olivenöl
150 g Auberginenfruchtfleisch, geraffelt
1 EL Zitronensaft
½ TL Kräutersalz
150 g Zucchini, geraffelt
8 Kalamata-Oliven, klein gewürfelt
100 g Schafkäse, zerbröselt (vegan: 50 g Sesammus)
2 Eier (vegan: Ei-Ersatz, siehe S. 15)
2 EL Kräuter, fein geschnitten: Petersilie, Basilikum,
  Schnittlauch, Borretsch, Oregano und 2 Blätter Salbei
  oder 2 TL Kräuterpulver (siehe S. 16)
2 TL Paprikapulver, edelsüß
1 MSP Cayennepfeffer
1 TL Bockshornkleepulver
3 EL kernige Haferflocken
3 – 4 EL Maismehl
Kräutersalz
Pfeffer aus der Mühle

Zwiebeln, Knoblauch und Peperoni in Öl anbraten. Aubergine nach dem Raffeln sofort mit Zitronensaft mischen, damit sie nicht braun wird und zu dem Zwiebelgemisch in die Pfanne geben. Etwas Salz darüber streuen und bei geschlossenem Deckel etwa 10 Minuten dünsten.
Zucchini, Oliven und Käsebrösel mischen und mit dem abgekühlten Pfanneninhalt vermengen.
Die Eier, Kräuter, Gewürze und Haferflocken unterkneten und den Teig mit so viel Maismehl verarbeiten, bis eine formbare Masse entsteht. Mit Salz und Pfeffer pikant abschmecken.
Formen und backen wie auf Seite 22 beschrieben.

Zu den Burgern passt beispielsweise scharfe Tomatensauce (siehe S. 145) oder grüne Sauce (siehe S. 147).

Italyburger

Für 8 Stück:
100 g Eiertomaten ohne Kernhaus, klein gewürfelt
100 g rote Paprikaschoten, klein gewürfelt
100 g Zucchini, geraffelt
4 grüne Oliven, klein gehackt
80 g Mozzarella, klein gehackt (vegan: 30 g Sesammus)
30 g Pinienkerne
1 Zwiebel, fein gehackt
1 Knoblauchzehe, zerdrückt
2 EL Olivenöl
1 rote Peperonischote, fein gehackt
1 TL Oreganosamen, gemahlen
2 TL Paprikapulver, edelsüß
1 TL Harissa (siehe S. 143)
3 EL frische Kräuter, fein gehackt: Oregano,
   Thymian und Rosmarin
   oder 2 TL Kräuterpulver (siehe S. 16)
1 TL Bockshornkleepulver
2 Eier (vegan: Ei-Ersatz, siehe S. 15)
3 EL kernige Haferflocken
6 – 8 EL Kichererbsenmehl
Kräutersalz
Pfeffer aus der Mühle

Tomaten kurz in kochendes Wasser tauchen, bis die Haut platzt. Die Haut abziehen, die Tomaten durchschneiden, das Kernhaus entfernen und das Fruchtfleisch in Würfel schneiden. Anschließend Tomaten- und Paprikawürfel, Zucchini, Oliven, Käse und Pinienkerne mischen.
Zwiebeln und Knoblauch in Öl anbraten, bis die Zwiebeln eine goldgelbe Farbe angenommen haben. Peperoniwürfel hinzufügen und kurz mitschwitzen. Oreganosamen, Paprikapulver und Harissa unterrühren.
Den Pfanneninhalt zu dem Gemüsegemisch geben. Kräuter, Eier und Flocken hinzufügen und mit Kichererbsenmehl zu einem formbaren Teig verkneten. Mit Salz und Pfeffer abschmecken.
Formen und backen wie auf Seite 22 beschrieben.

Hierzu passen z. B. süße oder scharfe Tomatensauce (siehe S. 145).

Pusztaburger

Für 12 Stück:
150 ml Gemüsebrühe
50 g Maisgrieß
1 große Zwiebel, fein gehackt
2 Knoblauchzehen, zerdrückt
2 EL Sonnenblumenöl
1 grüne Peperonischote, klein gewürfelt
4 Trockentomaten, klein geschnitten
1 – 2 TL Chilisauce (siehe S. 143)
je 150 g rote Paprika- und rote Peperonischoten, klein gewürfelt
150 g Gemüsemais
50 g Kräuterfeta, zerbröselt (vegan: 40 g Sesammus)
100 g Sonnenblumenkerne, geröstet (siehe S. 18)
2 EL Kräuter, fein geschnitten: Petersilie, Basilikum, Liebstöckel
    und Borretsch oder 2 TL Kräuterpulver (siehe S. 16)
2 – 3 TL Paprikapulver, edelsüß
2 Eier (vegan: Ei-Ersatz, siehe S. 15)
Kräutersalz
Pfeffer aus der Mühle

Gemüsebrühe aufkochen, Maisgrieß einrühren und bei geringster Hitzezufuhr etwa 20 Minuten in geschlossenem Topf quellen lassen. Nebenbei Zwiebeln und Knoblauch in Öl goldgelb dünsten. Peperoni- und Tomatenwürfel hinzufügen und kurz mitbraten. Chilisauce unterrühren und das Bratgut unter den gegarten Mais mischen. Paprika, Gemüsemais, Feta, Sonnenblumenkerne, Kräuter und Gewürze unter den handwarmen Maisteig mengen. Die Eier hinzufügen und alles gut miteinander verkneten. Mit Salz und Pfeffer pikant abschmecken.

Formen und backen wie auf Seite 22 beschrieben.

Zu diesen Burgern schmeckt scharfe Tomatensauce (siehe S. 145) oder Knoblauchraita (siehe S. 150).

Balkanburger

Für 12 Stück:
200 g Buchweizen, ganze Körner
50 g Roggen, mittelfein geschrotet
450 ml Gemüsebrühe
200 g Schwarzwurzeln, fein geraffelt (eventuell Tiefkühlkost)
2 EL Sonnenblumenöl
1 große Zwiebel, fein gehackt
3 Knoblauchzehen, fein gehackt
3 EL Küchenkräuter, fein geschnitten
   oder 2 TL Kräuterpulver
2 Eier (vegan: Ei-Ersatz, siehe S. 15)
1 TL Muskatnusspulver
1 MSP Kreuzkümmelpulver
1 TL Kümmel, ganz
Kräutersalz
Pfeffer aus der Mühle

Buchweizen und Roggen in der Brühe kurz aufkochen und in geschlossenem Topf etwa 15 Minuten quellen lassen. Tiefgefrorene Schwarzwurzeln unaufgetaut raspeln.
Zwiebeln und Knoblauch in Öl goldgelb braten. Die Wurzeln hinzufügen und 5 Minuten mitdünsten. Pfanneninhalt und die weiteren Zutaten mit dem warmen Körnerbrei vermengen und mit Salz und Pfeffer pikant abschmecken.
Formen und backen wie auf Seite 22 beschrieben.

Hierzu passt sehr gut Grüne Sauce (siehe S. 147).

Knusprige Genüsse aus Getreide und Körnern

Grünkern-Kümmel-Puffer

Für 12 Stück:
200 g Grünkern, mittelfein geschrotet
250 ml Gemüsebrühe
2 Lauchzwiebeln, feine Ringe
1 Knoblauchzehe, zerdrückt
3 EL Distelöl
100 g Karotten, geraffelt
50 g Sellerie, fein geraffelt
100 g Emmentaler, grob gerieben (vegan: 60 g Sesammus)
je 1 EL Petersilie und Salbeiblätter, fein geschnitten
1 TL Kräuterpulver (siehe S. 16)
1 TL Picata (siehe S. 17)
1 TL Kümmel, gemahlen
2 Eier (vegan: Ei-Ersatz, siehe S. 15)
Kräutersalz
Pfeffer aus der Mühle
Honigsenf (siehe S. 144)
Kümmel zum Bestreuen

Grünkernschrot mit Gemüsebrühe aufkochen und 30 Minuten abgedeckt quellen lassen. Zwiebeln und Knoblauch in Öl goldgelb dünsten, mischen und mit dem Pfanneninhalt vermengen. Gemüse, Käse, Kräuter und Gewürze unter den warmen Grünkernbrei mischen. Die Eier hinzufügen und alles gründlich miteinander verkneten. Mit Salz, Pfeffer und Honigsenf pikant abschmecken. Die Puffer mit Kümmel bestreuen.
Formen und backen wie auf Seite 22 beschrieben.

Zu den Puffern schmeckt beispielsweise Gorgonzolasauce (siehe S. 151) oder Knoblauchraita (siehe S. 150).

Hirsetaler

Für 12– 14 Stück:
100 g Hirse
250 ml Gemüsebrühe
1 Zwiebel, fein gehackt
1 Knoblauchzehe, zerdrückt
2 EL Sonnenblumenöl
100 g grüne Paprikaschoten, klein gewürfelt
100 g Petersilienwurzel, fein geraffelt
2 EL Kräuter, fein gehackt: Petersilie, Bohnenkraut,
  Basilikum oder 1 TL Kräuterpulver (siehe S. 16)
je ½ TL Muskatnusspulver und Chilipulver
2 Eier (vegan: Ei-Ersatz, siehe S. 15)
Kräutersalz
Pfeffer aus der Mühle

Die Hirse in die kochende Gemüsebrühe rühren, 10 Minuten köcheln lassen und ohne weitere Hitzezufuhr in geschlossenem Topf 20 Minuten lang quellen lassen. Zwiebeln und Knoblauch in Öl andünsten, Paprika und Petersilienwurzel kurz mitbraten und den Pfanneninhalt mit den übrigen Zutaten unter das gegarte Getreide mengen. Mit Salz und Pfeffer pikant abschmecken.
Formen und backen wie auf Seite 22 beschrieben.

Dazu passt z. B. Teufelssauce (siehe S. 146) oder Honigsenf (siehe S. 144).

Scharfe Kamutburger

Für 12 Stück:
400 ml Gemüsebrühe
200 g Kamut, mittelfein geschrotet
4 Lauchzwiebeln, feine Ringe
1 Knoblauchzehe, zerdrückt
4 EL Senföl
2 rote Peperonischoten, fein geschnitten
100 g rote Paprikaschote, klein gewürfelt
1 Bund Petersilie, fein gehackt
1 TL Kräuterpulver (siehe S. 16)
1 TL Paprikapulver, edelsüß
½ TL Chilipulver
1 TL Delikata (siehe S. 17)
2 Eier (vegan: Ei-Ersatz, siehe S. 15)
Kräutersalz
Pfeffer aus der Mühle

Gemüsebrühe aufkochen, den Topf von der Platte nehmen und das Kamutschrot hinzufügen. Abgedeckt 30 Minuten lang quellen lassen. Währenddessen Zwiebeln und Knoblauch in Öl andünsten und mit den übrigen Zutaten unter das Getreide mengen. Mit Salz und Pfeffer pikant abschmecken.
Formen und backen wie auf Seite 22 beschrieben.

Zu den Burgern können Sie Käse-Pfeffer-Sauce (siehe S. 151) reichen.

Dinkelbratlinge

Für 12 Stück:
400 ml Gemüsebrühe
200 g Dinkel, mittelfein geschrotet
2 kleine Zwiebeln, fein gehackt
1 Knoblauchzehe, zerdrückt
3 EL Sonnenblumenöl
150 g Lauch, fein geschnitten
100 g Stangensellerie, klein gewürfelt
1 Bund Petersilie, fein gehackt
1 TL Kräuterpulver (siehe S. 16)
½ TL Cayennepfeffer
1 TL Picata (siehe S. 17)
2 Eier (vegan: Ei-Ersatz, siehe S. 15)
Kräutersalz
Pfeffer aus der Mühle

Gemüsebrühe aufkochen, den Topf von der Platte nehmen und das Dinkelschrot hinzufügen. Abgedeckt 30 Minuten lang quellen lassen. Zwiebeln und Knoblauch in Öl glasig dünsten, Lauch und Sellerie 5 Minuten mitbraten und den Pfanneninhalt mit den übrigen Zutaten unter den Dinkel mengen. Mit Salz und Pfeffer pikant abschmecken.
Formen und backen wie auf Seite 22 beschrieben.

Hierzu passt Käsesauce (siehe S. 151) oder Tomatenketchup (siehe S. 142) oder Knoblauchraita (siehe S. 150).

Corntortillas

Für 12 – 15 Stück:
300 g Gemüsemais, vom Kolben oder TK-Kost
2 kleine Zwiebeln, fein gehackt
1 grüne Peperonischote, klein gewürfelt
2 eingelegte Trockentomaten, klein gewürfelt
2 EL Distelöl
50 g Gouda, klein gewürfelt (vegan: 30 g Sesammus)
3 EL frische Küchenkräuter, fein geschnitten:
  Liebstöckel, Kerbel, Thymian, Petersilie
  oder 2 TL Kräuterpulver (siehe S. 16)
2 TL Curcumapulver
je ¼ TL Mukatnusspulver und Cayennepfeffer
2 Eier (vegan: Ei-Ersatz, siehe S. 15)
5 – 6 EL Maismehl
Kräutersalz
Pfeffer aus der Mühle

Gemüsemais zerstampfen. Zwiebeln, Peperoni- und Tomatenwürfel in Öl anbraten. Mit Mais, Käse, Kräutern und Gewürzen vermischen. Eier hinzufügen und gründlich verkneten. So viel Maismehl unterarbeiten, bis eine formbare Masse entsteht. Mit Salz und Pfeffer pikant abschmecken.
Formen und backen wie auf Seite 22 beschrieben.

Dazu schmeckt scharfe Tomatensauce (siehe S. 145) oder Käse-Pfeffer-Sauce (siehe S. 151).

Allgäuer Kräuterflädle

Für 10 – 12 Stück:
400 ml Gemüsebrühe
200 g Hafer, ganze Körner
3 Lauchzwiebeln, feine Ringe
2 Knoblauchzehen, zerdrückt
4 EL Distelöl
2 Eier (vegan: Ei-Ersatz, siehe S. 15)
2 TL Thymian, gerebelt
3 TL Majoran, gerebelt
1 TL Rosmarin, gerebelt
1 Kästchen Kresse
2 EL Petersilie, gehackt
3 EL Schnittlauchröllchen
2 TL Kräuterpulver (siehe S. 16)
1 TL Bockshornkleepulver
1 TL Picata (siehe S. 17)
Kräutersalz
Pfeffer aus der Mühle

Gemüsebrühe mit den Haferkörnern aufkochen und 30 Minuten lang abgedeckt bei geringster Hitze köcheln lassen, bis die Flüssigkeit aufgesogen ist.
Zwiebeln und Knoblauch in Öl goldgelb dünsten und unter den Hafer rühren. Eier hinzufügen, Kräuter und Gewürzpulver über den Teig streuen und alles gut vermengen. Mit Salz und Pfeffer pikant abschmecken.
Flache Bratlinge formen und backen wie auf Seite 22 beschrieben.

Zu den Flädle schmeckt eine Käsesauce (siehe S. 151) oder Tomatenketchup (siehe S. 142).

Gewürzfrikadellen

Für 12 Stück:
400 ml Gemüsebrühe
Gewürze zum Mitkochen im Tee-Ei:
  ½ Stange Zimt, 2 Lorbeerblätter, 4 Wacholderbeeren,
  6 Gewürznelken, 8 Pfefferkörner
200 g Roggen, mittelfein geschrotet
1 Zwiebel, fein gehackt
4 EL Walnussöl
2 Eier (vegan: Ei-Ersatz, siehe S. 15)
80 g Walnüsse, grob gehackt
je ½ TL Muskatnusspulver und ½ TL Cayennepfeffer
Kräutersalz
Pfeffer
Delikata (siehe S. 17)

Gemüsebrühe mit den Gewürzen aufkochen, Tee-Ei entfernen und das Roggenschrot hineinrühren. Den Topf von der Platte nehmen und abgedeckt 30 Minuten lang quellen lassen. Zwiebeln in Öl goldgelb dünsten. Zwiebeln, Eier, Nüsse und Gewürzpulver hinzufügen und alles gut vermengen. Mit Salz, Pfeffer und Delikata pikant abschmecken.
Formen und backen wie auf Seite 22 beschrieben.

Dazu passt Remouladensauce (siehe S. 144) oder Tomatenketchup (siehe S. 142).

Räucherburger

Für 12 Stück:
100 g Mischung aus Gerste, Dinkel und Grünkern,
  mittelfein geschrotet
200 ml Gemüsebrühe
Gewürze zum Mitkochen im Tee-Ei:
  1 Lorbeerblatt und 10 Pfefferkörner
4 EL Erdnussöl
1 Zwiebel, fein gehackt
2 Knoblauchzehen, zerdrückt
2 Eier (vegan: Ei-Ersatz, siehe S. 15)
200 g Räuchertofu, fein gehackt
60 g Pekannüsse, grob gehackt
2 EL Kräuter, fein gehackt: Liebstöckel, Borretsch, Rosmarin
  oder 2 TL Kräuter aus der Provence
Kräutersalz
Pfeffer aus der Mühle

Gemüsebrühe mit den Gewürzen aufkochen, Tee-Ei entfernen und das Getreideschrot hineinrühren. Den Topf beiseite stellen und das Getreide abgedeckt 30 Minuten lang quellen lassen.

Zwiebeln und Knoblauch in Öl goldgelb dünsten und unter die Getreidemischung rühren. Eier hinzufügen, Nüsse, Kräuter und Räuchertofu darüber streuen und alles gut vermengen. Mit Salz und Pfeffer pikant abschmecken.

Formen und backen wie auf Seite 22 beschrieben.

Zu den Burgern passt würzige Käsesauce (siehe S. 151) oder Senfsauce (siehe S. 148).

Basmatiplätzchen

Für 16 Stück:
150 g Vollkorn-Basmatireis, kalt abgebraust
300 ml Gemüsebrühe
3 Lauchzwiebeln, feine Ringe
3 EL Sesamöl
100 g rote Paprikaschoten, klein gewürfelt
100 g Erbsen
100 g Gemüsemais
3 Eier (vegan: Ei-Ersatz, siehe S. 15)
1 EL Schnittlauch, kleine Röllchen
1 EL Petersilie, klein geschnitten
Kräutersalz
Pfeffer aus der Mühle

Reis in der Gemüsebrühe etwa 40 Minuten kochen, bis der Reis weich ist und alle Flüssigkeit aufgesogen hat. Zwischenzeitlich Zwiebeln in Öl goldgelb braten. Paprika, Erbsen und Mais bei abgeschalteter Heizplatte kurz mitdünsten. Eier unter den handwarmen Reis mengen, Pfanneninhalt und Kräuter hinzufügen. Mit Salz und Pfeffer pikant abschmecken.
Formen und backen wie auf Seite 22 beschrieben.

Hierzu schmeckt beispielsweise Remouladensauce (siehe S. 144).

Tipp: Falls die Plätzchen mit Käsescheiben belegt werden, nur milden Käse – z. B. Butterkäse – verwenden, um den feinen Basmatigeschmack nicht zu übertönen.

Amaranthbällchen

Für 16 – 20 Stück:
125 g Amaranth, kalt abgebraust
300 ml Gemüsebrühe
1 Knoblauchzehe, zerdrückt
2 EL Erdnussöl
3 eingelegte Trockentomaten, klein gewürfelt
100 g Lauch, fein gehackt
2 Eier (vegan: Ei-Ersatz, siehe S. 15)
50 g Butterkäse, gerieben (vegan: 30 g Sesammus)
40 g Cashewkerne, gehackt
3 EL Kräuter, gehackt: Basilikum, Kerbel, Borretsch, Petersilie
1 TL Paprikapulver, edelsüß
je ¼ TL Macispulver und Kreuzkümmelpulver
Kräutersalz
Pfeffer aus der Mühle

Amaranth in der Gemüsebrühe aufkochen und bei kleinster Heizstufe 30 Minuten ziehen lassen. Knoblauch in Öl anbraten, Tomaten und Lauch kurz mitschwitzen. Pfanneninhalt, Eier, Käse, Nüsse, Kräuter und Gewürze unter den Amaranth mengen und mit Salz und Pfeffer pikant abschmecken.
Formen und backen wie auf Seite 22 beschrieben.

Dazu schmeckt z. B. süßscharfe Ingwersauce (siehe S. 149).

Quinoakroketten

Für 12 Stück:
125 g Quinoa, kalt abgebraust
300 ml Gemüsebrühe
1 Zwiebel, fein gehackt
1 Knoblauchzehe, zerdrückt
2 EL Saflöröl
2 Eier (vegan: Ei-Ersatz, siehe S. 15)
50 g Kräuterfeta, zerbröselt (vegan: 30 g Sesammus)
30 g Haselnüsse, gehackt
3 EL Kräuter, gehackt: Petersilie, Basilikum, Salbei,
   Borretsch oder 2 TL Kräuterpulver (siehe S. 16)
je 1 TL Bockshornkleepulver und Paprikapulver, edelsüß
½ TL Muskatnusspulver
¼ TL Cayennepfeffer
Kräutersalz

Quinoa in die kochende Brühe rühren und bei geringster Hitzezufuhr etwa 30 Minuten ziehen lassen. Zwiebeln und Knoblauch in Öl goldgelb dünsten und zu dem gegarten Quinoa geben. Eier, Feta, Nüsse, Kräuter und Gewürze untermengen und mit Cayennepfeffer und Salz pikant abschmecken.
Formen und backen wie auf Seite 22 beschrieben.

Zu den Kroketten passen Käsesaucen (siehe S. 151) und pikante Tomatensaucen (siehe S. 145).

Buchweizenburger

Für 12 Stück:
150 g Buchweizen, ganze Körner
50 g Kamut, mittelfein geschrotet
400 ml Gemüsebrühe
3 Schalotten, fein gehackt
2 EL Rapsöl
100 g Karotten, fein geraffelt
100 g Pastinake, fein geraffelt
1 Knoblauchzehe, zerdrückt
3 EL Küchenkräuter, fein geschnitten
 oder 2 TL Kräuterpulver (siehe S. 16)
2 Eier (vegan: Ei-Ersatz, siehe S. 15)
1 TL Delikata (siehe S. 17)
½ TL Muskatnusspulver
Kräutersalz
Pfeffer aus der Mühle

Buchweizen und Kamut in der Brühe aufkochen, von der Platte nehmen und die Körner in geschlossenem Topf etwa 15 Minuten quellen lassen. Die Schalotten in Öl goldgelb braten. Das Gemüse hinzufügen und 5 Minuten mitdünsten. Zusammen mit den weiteren Zutaten mit dem warmen Buchweizen vermengen und mit Salz und Pfeffer pikant abschmecken.
Formen und backen wie auf Seite 22 beschrieben.

Zu den Burgern passt beispielsweise Knoblauchraita (siehe S. 150) oder Käse-Pfeffer-Sauce (siehe S. 151).

Leckerbissen aus Gemüse

Auberginentortillas

Für 16 – 20 Stück:
100 g Natur-Rundkornreis, kalt abgebraust
200 ml Gemüsebrühe
1 rote Zwiebel, fein gehackt
1 Knoblauchzehe, zerdrückt
4 EL Olivenöl
400 g Auberginenfruchtfleisch, geraffelt
3 EL Zitronensaft
1 TL Kräutersalz
3 EL frische Kräuter, gehackt: Basilikum, Thymian, Petersilie
   oder 1 TL Kräuterpulver (siehe S. 16)
1 TL Bockshornkleepulver
½ TL Chilipulver
2 Eier (vegan: Ei-Ersatz, siehe S. 15)
150 g Edamer, gerieben (vegan: 100 g Sesammus)
3 EL Kichererbsenmehl
Kräutersalz
Pfeffer aus der Mühle

Reis in der Brühe etwa 45 Minuten kochen, bis er alle Flüssigkeit aufgesogen hat. Zwischenzeitlich Zwiebeln und Knoblauch in Öl glasig dünsten.
Das Auberginenfruchtfleisch nach dem Raffeln sofort mit Zitronensaft beträufeln und zu den Zwiebeln in die Pfanne geben. Salz, Kräuter und Chilipulver unterrühren und bei geschlossenem Deckel ca. 10 Minuten bei schwacher Hitze dünsten. Nach dem Abkühlen Eier, Käse und Kichererbsenmehl untermengen. Mit Kräutersalz und Pfeffer pikant abschmecken.
Formen und backen wie auf Seite 22 beschrieben.

Dazu passt sehr gut scharfe Tomatensauce (siehe S. 145) oder Teufelssauce (siehe S. 146).

Rüeblifladen

Für 12 Stück:
300 g Möhren, fein geraffelt
3 eingelegte Trockentomaten, fein gewürfelt
50 g Kräuterfeta, zerbröselt (vegan: 30 g Erdnussmus)
3 EL Petersilie, fein geschnitten
1 Zwiebel, fein gehackt
1 Knoblauchzehe, zerdrückt
2 EL Sonnenblumenöl
2 Eier (vegan: Ei-Ersatz, siehe S. 15)
3 EL Haferflocken
2 TL Paprikapulver, edelsüß
1 MSP Cayennepfeffer
3 EL Kichererbsenmehl
Kräutersalz
Pfeffer aus der Mühle

Möhren mit Tomatenwürfeln, Fetabröseln und Petersilie mischen. Zwiebeln und Knoblauch in Öl goldgelb braten und dem Gemüse beifügen. Eier, Haferflocken und Gewürze unter die Gemüsemasse mengen und mit Kichererbsenmehl zu einem formbaren Teig verkneten. Mit Salz und Pfeffer pikant abschmecken.
Formen und backen wie auf Seite 22 beschrieben.

Hierzu passt Tomatenketchup (siehe S. 142) oder eine Käsesauce (siehe S. 151).

Waldorfkroketten

Für 12 Stück:

150 g Sellerieknolle, fein geraffelt
150 g Apfel, grob geraffelt
1 EL Zitronensaft
1 Zwiebel, fein gehackt
1 Knoblauchzehe, zerdrückt
2 TL frischer Ingwer, fein gerieben
2 EL Sonnenblumenöl
50 g milder Reibkäse (vegan: 30 g Sesammus)
80 g Walnüsse, gehackt
3 EL Kräuter, fein geschnitten: Borretsch, Liebstöckel, Kerbel
 oder 1 TL Kräuterpulver
1 TL Delikata (siehe S. 17)
2 Eier (vegan: Ei-Ersatz, siehe S. 15)
4 – 5 EL kernige Haferflocken
Kräutersalz
Pfeffer aus der Mühle

Sellerie- und Apfelraspeln mischen und sofort mit Zitronensaft beträufeln, damit sie nicht braun werden. Zwiebeln, Knoblauch und Ingwer in Öl braten, bis die Zwiebeln eine goldgelbe Farbe angenommen haben.
Den Pfanneninhalt mit der Sellerie-Apfelmischung vermengen und Käse, Nüsse, Kräuter und Gewürze untermischen. Eier unter die Masse kneten und so viel Haferflocken hinzufügen, bis ein formbarer Teig entsteht. Mit Salz und Pfeffer pikant abschmecken.
Formen und backen wie auf Seite 22 beschrieben.

Dazu können Sie Grüne Sauce (siehe S. 147) oder Käse-Pfeffer-Sauce (siehe S. 151) servieren.

Räuberburger Ronja

Für 8 Stück:
300 g Lauchzwiebeln, in feine Streifen geschnitten
2 Knoblauchzehen, klein gehackt
2 EL Sonnenblumenöl
4 eingelegte Trockentomaten, klein gewürfelt
1 grüne Peperonischote, klein gewürfelt
60 g Gewürzgürkchen, klein gewürfelt
80 g Räucherkäse, gerieben
3 EL Petersilie, gehackt
2 TL Paprikapulver, edelsüß
¼ TL Macispulver
1 TL Delikata (siehe S. 17)
60 g Walnüsse, gehackt
2 Eier (vegan: Ei-Ersatz, siehe S. 15)
2 – 3 EL Vollkornsemmelbrösel
Kräutersalz
Pfeffer aus der Mühle
4 Scheiben Räucherkäse zum Belegen

Zwiebeln und Knoblauch in Öl goldgelb braten. Tomaten- und Peperoniwürfel hinzufügen und kurz mitdünsten. Abkühlen lassen. Gürkchen, Käse, Petersilie, Gewürze und Nüsse mischen. Pfanneninhalt und Eier hinzufügen und alles gut miteinander vermengen. So viel Vollkornsemmelbrösel hinzufügen, bis ein formbarer Teig entsteht. Mit Kräutersalz und Pfeffer pikant abschmecken. Formen und backen wie auf Seite 22 beschrieben.
Drei Minuten vor Ende der Backzeit jeden Burger mit einer diagonal halbierten Scheibe Räucherkäse belegen.

Hierzu passen beispielsweise süße und scharfe Tomatensaucen (siehe S. 145) oder Senfsauce (siehe S. 148).

Zwiebel-Knoblauch-Buletten

Für 12 Stück:
400 g Lauchzwiebeln, in feine Streifen geschnitten
2 Knoblauchzehen, klein gehackt
2 EL Sonnenblumenöl
4 eingelegte Trockentomaten, gehackt
4 Scheiben Vollkornzwieback, zerbröselt
60 g Emmentaler, gerieben (vegan: 40 g Sesammus)
1 Bund Petersilie, gehackt
40 g Walnüsse, gehackt
2 Eier (vegan: Ei-Ersatz, siehe S. 15)
1 – 2 TL Kümmel, ganz
½ – 1 TL Kümmel, gemahlen
Kräutersalz
Pfeffer aus der Mühle

Zwiebeln und Knoblauch in Öl goldgelb dünsten. Tomatenstücke hinzufügen und kurz mitbraten. Zwiebackbrösel, Käse, Petersilie und Nüsse mischen. Pfanneninhalt und Eier hinzufügen und alles miteinander vermengen. Mit Kümmel, Salz und Pfeffer abschmecken. Formen und backen wie auf Seite 22 beschrieben, jedoch die Backzeit auf jeder Seite um 5 Minuten verkürzen.

Hierzu schmeckt Tomatenketchup (siehe S. 142) oder Teufelssauce (siehe S. 146).

Zucchinibratlinge

Für 12 Stück:
1 große Zwiebel, gehackt
2 EL Olivenöl
1 grüne Peperonischote, fein gehackt
150 ml Gemüsebrühe
50 g Maisgrieß
300 g Zucchini, mittelfein geraffelt
je 1 EL Kräuter, gehackt: Rosmarin, Kerbel, Estragon, Dill
1 TL Bockshornkleepulver
2 EL Parmesan, gerieben (vegan: Käse weglassen)
2 Eier (vegan: Ei-Ersatz, siehe S. 15)
6 – 8 EL Vollkornsemmelbrösel
Kräutersalz
Pfeffer aus der Mühle

Die Zwiebeln in Öl glasig dünsten, Peperoni hinzufügen und kurz mitschwitzen lassen. Mit Gemüsebrühe aufkochen und den Maisgrieß einrieseln lassen. Etwa 20 Minuten bei geringster Hitze zugedeckt quellen lassen. Zucchini, Kräuter, Gewürze und Käse mit der handwarmen Masse mischen. Die Eier untermengen und mit Semmelbröseln zu einem formbaren Teig verkneten. Mit Salz und Pfeffer pikant abschmecken.
Formen und backen wie auf Seite 22 beschrieben.

Zu den Bratlingen passt beispielsweise Senfsauce (siehe S. 148) oder Curry-Mango-Sauce (siehe S. 145).

Kohlrabipuffer

Für 8 Stück:
300 g Kohlrabi, grob geraffelt
3 EL Kohlrabikraut, fein geschnitten
60 g Kräuterfeta, zerbröselt
1 Zwiebel, fein gehackt
1 Knoblauchzehe, zerdrückt
2 EL Sonnenblumenöl
2 Eier (vegan: Ei-Ersatz, siehe S. 15)
1 TL Delikata (siehe S. 17)
½ TL Muskatnusspulver
1 MSP Cayennepfeffer
4 – 5 EL kernige Haferflocken
Kräutersalz
Pfeffer aus der Mühle

Kohlrabi mit Kraut und Fetabröseln mischen. Zwiebeln und Knoblauch in Öl goldgelb braten und der Gemüsemischung beifügen. Eier und Gewürze untermengen und mit Haferflocken zu einem formbaren Teig verkneten. Mit Salz und Pfeffer pikant abschmecken.
Formen und backen wie auf Seite 22 beschrieben.

Dazu schmeckt z. B. Knoblauchraita (siehe S. 150) oder Käse-Pfeffer-Sauce (siehe S. 151).

Grüne Frikadellen

Für 12 Stück:
1 Zwiebel, gehackt
1 Knoblauchzehe, zerdrückt
3 EL Sonnenblumenöl
1 grüne Peperonischote, klein gewürfelt
100 g Buchweizen
200 g Gemüsebrühe
300 g Blattspinat, Tiefkühlkost
60 g Emmentaler, gerieben (vegan: 40 g Sesammus)
2 Eier (vegan: Ei-Ersatz, siehe S. 15)
1 TL Picata (siehe S. 17)
2 TL Majoran, gerebelt
1 TL Muskatnusspulver
½ – 1 TL Cayennepfeffer
60 g geröstete Pistazien, grob gehackt
50 – 60 g kernige Haferflocken
Kräutersalz
Pfeffer aus der Mühle

Zwiebeln und Knoblauch in Öl glasig dünsten. Peperoniwürfel kurz mitdünsten, abgebrausten Buchweizen hinzufügen, mit der Gemüsebrühe aufgießen und kurz aufkochen. Ohne weitere Hitzezufuhr 15 Minuten quellen lassen. Den aufgetauten Spinat grob schneiden und zusammen mit Käse und Eiern unter den handwarmen Buchweizenteig mengen. Gewürze und Pistazien hinzufügen und so viel Haferflocken zugeben, bis ein formbarer Teig entsteht. Mit Salz und Pfeffer pikant abschmecken.
Formen und backen wie auf Seite 22 beschrieben.

Hierzu passt beispielsweise Teufelssauce (siehe S. 146) oder Curry-Mango-Sauce (siehe S. 145).

Ananas-Weinkraut-Burger

Für 12 Stück:
250 g Sauerkraut vom Fass, klein geschnitten
1 Zwiebel, gehackt
1 Knoblauchzehe, zerdrückt
1 rote Peperonischote, klein gewürfelt
2 EL Sonnenblumenöl
100 g frische Ananas, klein gewürfelt
100 g Karotten, fein geraffelt
60 g Walnusskerne, gehackt
60 g Kräuterfeta, zerbröselt (vegan: 40 g Sesammus)
1 Bund Petersilie, fein geschnitten
2 TL Paprikapulver, edelsüß
je ¼ TL Cayennepfeffer und Kümmel, gemahlen
3 – 4 EL Kichererbsenmehl
Kräutersalz
Pfeffer aus der Mühle

Sauerkraut kräftig ausdrücken, so dass etwa 200 g übrig bleiben. Zwiebeln, Knoblauch und Peperoniwürfel in Öl dünsten. Alle Zutaten mit dem Sauerkraut vermengen und mit Kichererbsenmehl zu einem formbaren Teig verkneten. Mit Salz und Pfeffer pikant abschmecken.

Formen und backen wie auf Seite 22 beschrieben.

Hierzu passt hervorragend Teufelssauce (siehe S. 146) oder Grüne Sauce (siehe S. 147).

Spargelfrikadellen

Für 10 – 12 Stück:
50 g Butter (vegan: 2 EL Sonnenblumenöl)
80 g Hirse, gewaschen
300 g dicker Spargel, geraffelt (TK-Spargel gefroren raffeln)
150 ml Gemüsebrühe
2 Eier (vegan: Ei-Ersatz, siehe S. 15)
70 g Schnittlauchröllchen
2 TL eingelegte, grüne Pfefferkörner
60 g Hirseflocken
1 TL Picata (siehe S. 17)
Kräutersalz
Pfeffer aus der Mühle

Butter (Öl) in einem Töpfchen schmelzen und die gut abgetropfte Hirse kurz mitschwitzen. Den geraffelten Spargel dazugeben, mit Gemüsebrühe aufgießen und zum Kochen bringen. Zehn Minuten lang köcheln lassen, dann bei geringster Hitzezufuhr 20 Minuten garen. Eier mit der handwarmen Masse vermengen. Schnittlauch, grüne Pfefferkörner und Hirseflocken unterarbeiten. Mit Picata, Salz und Pfeffer pikant abschmecken.
Formen und backen wie auf Seite 22 beschrieben.

Hierzu passt Schnittlauch-Cornichon-Sauce (siehe S. 149) oder Grüne Sauce (siehe S. 147).

Paprikatortillas

Für 8 – 10 Stück:
50 g Maisgrieß
150 ml Gemüsebrühe
1 Zwiebel, klein gehackt
2 Knoblauchzehen
2 EL Olivenöl
300 g rote Paprika, klein gewürfelt
300 g grüne Paprika, klein gewürfelt
3 Eier (vegan: Ei-Ersatz, siehe S. 15)
je 1 EL Basilikum und Salbei, fein geschnitten
1 TL Rosmarin, gerebelt
2 TL Paprikapulver, edelsüß
½ TL Chilisauce (siehe S. 143)
30 g kernige Haferflocken
4 – 5 EL Maismehl
Kräutersalz
Pfeffer aus der Mühle

Maisgrieß in die kochende Gemüsebrühe rühren und bei geringster Hitzezufuhr 20 Minuten zugedeckt quellen lassen. Zwiebeln und Knoblauch in Öl goldgelb braten, mit den übrigen Zutaten unter den handwarmen Mais mengen und mit Maismehl zu einem formbaren Teig verarbeiten. Mit Salz und Pfeffer abschmecken.
Formen und backen wie auf Seite 22 beschrieben.

Dazu schmeckt z. B. Remouladen- (siehe S. 144) oder Teufelssauce (siehe S. 146).

Deftiger Gaumenschmaus aus Hülsenfrüchten

Curryburger

Für 12 Stück:
200 g gelbe Trockenerbsen,
über Nacht in reichlich kaltem Wasser eingeweicht
Gewürze zum Mitkochen im Tee-Ei:
½ Zimtstange, 1 Lorbeerblatt und 4 Gewürznelken
400 ml Gemüsebrühe
2 Zwiebeln, klein gehackt
1 Knoblauchzehe, zerdrückt
4 EL Senföl
1 gelbe Peperonischote, klein gewürfelt
2 Eier (vegan: Ei-Ersatz, siehe S. 15)
2 TL Paprikapulver, edelsüß
1 TL Curcumapulver
1 – 2 EL Currypulver
1 EL Currykraut, gehackt (aus der Gärtnerei oder vom Markt)
3 EL Küchenkräuter, gehackt:
Petersilie, Liebstöckel und Kerbel oder 2 TL Kräuterpulver
Kräutersalz
Pfeffer aus der Mühle

Erbsen gut spülen und mit den Gewürzen in der Gemüsebrühe etwa 1 Stunde weich kochen.
Zwischenzeitlich Zwiebeln und Knoblauch in Öl dünsten, bis die Zwiebeln eine goldgelbe Farbe angenommen haben. Die Peperoniwürfel hinzufügen und kurz mitbraten.

Eventuell überschüssige Erbsenbrühe in einem Sieb abtropfen lassen, die Gewürze aus dem Erbsenbrei nehmen und die Hülsenfrüchte mit dem Schlagmesser des elektrischen Handrührgerätes zerkleinern oder mit der Gabel zerdrücken.

Die Eier unter das Erbsenpüree mengen und die Zutaten aus der Pfanne sowie Gewürze und Kräuter hinzufügen. Mit Salz und Pfeffer pikant abschmecken.

Formen und backen wie auf Seite 22 beschrieben.

Hierzu schmeckt beispielsweise Curry-Mango-Sauce (siehe S. 145).

Kidneypuffer

Für 12 Stück:
150 g Kidneybohnen, über Nacht in Wasser eingeweicht
Gewürze zum Mitkochen im Tee-Ei:
   1 Lorbeerblatt und 6 Wacholderbeeren
450 ml Gemüsebrühe
1 Zwiebel, gehackt
1 Knoblauchzehe, zerdrückt
4 EL Rapsöl
100 g Petersilienwurzel, geraffelt
1 Peperonischote, fein geschnitten
3 eingelegte Trockentomaten, gehackt
2 Eier (vegan: Ei-Ersatz, siehe S. 15)
1 EL Küchenkräuter, fein geschnitten:
   Salbei, Rosmarin und Kerbel oder 1 TL Kräuterpulver
½ – 1 TL Kardamompulver
½ TL Macispulver
1 TL Picata (siehe S. 17)
3 – 4 EL Maismehl
Kräutersalz
Pfeffer aus der Mühle

Die Bohnen in einem Sieb spülen und mit den Gewürzen in der Gemüsebrühe etwa 1 Stunde garen.
Zwiebeln und Knoblauch in Öl braten, bis die Zwiebeln goldgelb sind. Gemüse hinzufügen und kurz mitbraten.
Kochgewürze aus dem Bohnentopf entfernen und eventuell überschüssige Brühe abgießen. Die Bohnen mit dem Schlagmesser des elektrischen Handrührgerätes zerkleinern oder mit der Gabel zerdrücken.

Den abgekühlten Pfanneninhalt, Eier, Kräuter und Gewürze mit der Bohnenmasse vermengen und mit Maismehl zu einem formbaren Teig verkneten. Mit Salz und Pfeffer pikant abschmecken. Formen und backen wie auf Seite 22 beschrieben.

Zu den Puffern passen sehr gut Raitas (siehe S. 150) oder eine scharfe Tomatensauce (siehe S. 145).

Koriandertaler

Für 16 – 20 Stück:
1 Zwiebel, klein gehackt
1 Knoblauchzehe, zerdrückt
3 EL Korianderkörner, ganz oder grob zerstoßen
3 EL Sonnenblumenöl
250 ml Gemüsebrühe
Kochgewürze im Tee-Ei: 1 Lorbeerblatt und 4 Gewürznelken
150 g rote Linsen
2 Eier (vegan: Ei-Ersatz, siehe S. 15)
2 EL Kräuter, fein geschnitten:
   Kerbel, Liebstöckel, Thymian
   oder 1 TL Kräuterpulver (siehe S. 16)
3 – 4 EL Kichererbsenmehl
Kräutersalz
Pfeffer aus der Mühle

Zwiebeln, Knoblauch und Koriander in Öl anbraten. Mit Brühe aufgießen, Kochgewürze hinzufügen und zugedeckt ca. 15 Minuten köcheln lassen. Tee-Ei entfernen, die Linsen einstreuen und etwa 5 Minuten weich kochen. Alle Zutaten vermengen und mit Kichererbsenmehl zu einem formbaren Teig verarbeiten. Mit Salz und Pfeffer abschmecken.

Formen und backen wie auf Seite 22 beschrieben.

Dazu schmeckt z. B. süßscharfe Ingwersauce (siehe S. 149) oder Teufelssauce (siehe S. 146).

Mungoburger

Für 8 – 10 Stück:
150 g Mungobohnen, über Nacht in Wasser eingeweicht
300 ml Gemüsebrühe
1 große Zwiebel, fein gehackt
3 EL Distelöl
50 g Cashewkerne, gehackt
1 EL Ingwerwurzel, gerieben
2 Eier (vegan: Ei-Ersatz, siehe S. 15)
1 EL Sojasauce (Bio-Tamari)
1 EL Korianderkraut, gehackt
1 EL Basilikum, gehackt
je ¼ TL Kreuzkümmelpulver und Korianderpulver
Kräutersalz
Pfeffer aus der Mühle

Die eingeweichten Mungobohnen abtropfen lassen und in der Gemüsebrühe etwa 15 Minuten weich kochen. Inzwischen die Zwiebeln in Öl glasig dünsten, Cashewkerne und Ingwer hinzufügen und kurz mitbraten. Den Pfanneninhalt unter die handwarme Mungomasse rühren. Eier, Chilipulver, Kräuter und Gewürze untermengen und mit Salz und Pfeffer pikant abschmecken.
Formen und backen wie auf Seite 22 beschrieben.

Hierzu passen Raitas (siehe S. 150) oder Curry-Mango-Sauce (siehe S. 145).

Falafel

Für 20 – 24 Stück:
100 g Kichererbsen, über Nacht in Wasser eingeweicht
300 ml Gemüsebrühe
4 Lauchzwiebeln, feine Ringe
1 Knoblauchzehe, fein gehackt
4 EL Olivenöl
3 EL frische Kräuter, fein geschnitten: Petersilie, Kerbel,
  Basilikum, Oregano oder 2 TL Kräuterpulver (siehe S. 16)
1 rote Paprikaschote, klein gewürfelt
¼ – ½ TL Kreuzkümmel
2 TL Delikata (siehe S. 16)
2 TL Paprikapulver, edelsüß
2 Eier (vegan: Ei-Ersatz, siehe S. 15)
Kräutersalz
Pfeffer aus der Mühle

Die Kichererbsen in der Brühe 2 Stunden weich kochen. Anschließend abtropfen und mit dem Handmixer mahlen. Zwiebeln und Knoblauch in Öl goldgelb dünsten und zusammen mit Kräutern, Paprikawürfeln, Gewürzen und Eiern unter die Kichererbsenmasse mengen. Mit Salz und Pfeffer abschmecken.
Zu Kugeln formen und backen wie auf Seite 22 beschrieben.

Zu den Falafel passt Ingwersauce (siehe S. 149) oder Senfsauce (siehe S. 148).

Azukikroketten

Für 12 Stück:

Kochgewürze im Tee-Ei:
  2 Lorbeerblätter, 5 Gewürznelken und 5 Wacholderbeeren
450 ml Gemüsebrühe
150 g Azukibohnen, über Nacht eingeweicht
4 Lauchzwiebeln, feine Ringe
2 Knoblauchzehen, klein gewürfelt
4 EL Sonnenblumenöl
40 g Paranüsse, gehackt
2 TL Senfkörner, fein zerstoßen
2 Eier (vegan: Ei-Ersatz, siehe S. 15)
½ – 1 TL Kardamompulver
½ – 1 TL Kümmel, gemahlen
3 TL Kräuterpulver
Kräutersalz
Pfeffer aus der Mühle

Das Tee-Ei in die Gemüsebrühe geben und die Azukibohnen darin etwa 1 Stunde weich kochen. Zwiebeln und Knoblauch in Öl glasig dünsten, Nüsse und Senfkörner hinzufügen und kurz mitbraten. Das Tee-Ei entnehmen, überschüssige Brühe abgießen und die Bohnen mit dem Handmixer zerkleinern. Alle Zutaten mit der Bohnenmasse gründlich verkneten. Mit Salz und Pfeffer abschmecken. Formen und backen wie auf Seite 22 beschrieben.

Dazu schmecken Raitas (siehe S. 150), Grüne Sauce (siehe S. 147) und Tomatenketchup (siehe S. 142).

Pfefferbuletten

Für 12 – 14 Stück:
200 g grüne Linsen, über Nacht eingeweicht
Gewürze zum Mitkochen im Tee-Ei:
　1 Lorbeerblatt und 20 schwarze Pfefferkörner
500 ml Gemüsebrühe
1 Zwiebel, fein gehackt
1 Knoblauchzehe, zerdrückt
4 EL Sonnenblumenöl
80 g Lauch, fein geschnitten
1 grüne Peperonischote, fein geschnitten
2 Eier (vegan: Ei-Ersatz, siehe S. 15)
2 EL Küchenkräuter, fein gehackt:
　Petersilie, Bohnenkraut, Basilikum oder 1 TL Kräuterpulver
3 EL grüne, eingelegte Pfefferkörner
1 TL Senfkörner, zerstoßen
1 TL Delikata (siehe S. 17)
Kichererbsenmehl zum Verkneten
Kräutersalz
Pfeffer aus der Mühle

Die Linsen in einem Sieb spülen und mit den Gewürzen in der Gemüsebrühe etwa 30 Minuten garen. Zwischenzeitlich Zwiebeln und Knoblauch in Öl glasig dünsten. Lauch und Peperoni hinzufügen und kurz mitbraten. Die Kochgewürze aus dem abgekühlten Linsenbrei nehmen und eventuell überschüssige Brühe abgießen. Pfanneninhalt, Eier, Kräuter und Gewürze unter den Linsenbrei mischen und mit dem Kichererbsenmehl zu einem formbaren Teig verkneten. Mit Salz und Pfeffer pikant abschmecken. Formen und backen wie auf Seite 22 beschrieben.

Dazu passt beispielsweise Käsesauce (siehe S. 151) oder scharfe Tomatensauce (siehe S. 145).

Kleine Delikatessen aus Nüssen

Steiermärkische Kürbiskernpuffer

Für 12 Stück:

200 ml Gemüsebrühe
100 g Gerste, mittelfein geschrotet
Gewürze zum Mitkochen im Tee-Ei:
  2 cm Zimtstange und 6 Gewürznelken
200 g Kürbiskerne, trocken geröstet
1 Zwiebel, fein gehackt
4 EL Kürbiskernöl (ersatzweise Sonnenblumenöl)
2 Eier (vegan: Ei-Ersatz, siehe S. 15)
80 g ungeschwefelte Dörraprikosen, klein gewürfelt
2 EL Kräuter, fein geschnitten: Petersilie, Kerbel, Borretsch und
  Basilikum oder 2 TL Kräuterpulver (siehe S. 16)
1 TL Picata (siehe S. 17)
¼ TL Macispulver
3 EL Crème fraîche (vegan: 1 EL Nussöl)
Kräutersalz
Pfeffer aus der Mühle

Gemüsebrühe zum Kochen bringen, Gerste und Kochgewürze hinzufügen und 5 Minuten bei geringster Hitze köcheln. Anschließend ohne Hitzezufuhr 30 Minuten abgedeckt quellen lassen.

In der Zwischenzeit die Kürbiskerne in der Pfanne bei mittlerer Hitze trocken rösten, bis sie duften. Auf einem Teller abkühlen lassen und anschließend grob hacken.

Die Zwiebeln in Öl braten, bis sie goldgelb sind.

Die Kochgewürze aus dem Gerstenbrei entfernen und die Gerste mit den Kürbiskernen, Eiern, Aprikosen, Kräutern und Gewürzen gut vermengen. Crème fraîche untermischen und mit Salz und Pfeffer pikant abschmecken.

Formen und backen wie auf Seite 22 beschrieben.

Zu den Puffern passen gleichermaßen Preiselbeer- oder Erdbeersauce (siehe S. 153) wie pikante Saucen.

Mandelkroketten

Für 12 Stück:
100 g Kamut, mittelfein geschrotet
2 EL Nussöl
200 ml Gemüsebrühe
2 Eier (vegan: Ei-Ersatz, siehe S. 15)
3 EL Schlagsahne (vegan: 1 EL Nussöl)
100 g Mandelscheibchen
100 g Mandeln, gehackt
1 EL Mandelmus
2 TL Trockenkräuter, gerebelt: Estragon, Liebstöckel, Basilikum
¼ TL Macispulver
1 TL Picata (siehe S. 17)
Kräutersalz
Pfeffer aus der Mühle

Kamutschrot in Öl leicht rösten, bis es duftet. Gemüsebrühe zugießen und unter Rühren aufkochen. 15 Minuten abgedeckt quellen lassen. Eier, Sahne, Mandeln, Kräuter und Gewürze unterrühren. Mit Salz und Pfeffer pikant abschmecken.
Formen und backen wie auf Seite 22 beschrieben.

Hierzu passt beispielsweise Grüne Sauce (siehe S. 147) oder auch Preiselbeer- oder Erdbeersauce (siehe S. 153).

Pistazienburger

Für 12 Stück:
150 ml Gemüsebrühe
2 EL Nussöl
125 g Vollkornweizengrieß
100 g Pistazien, gemahlen
80 g Pistazien, gehackt
2 EL Kräuter, fein geschnitten: Kerbel, Liebstöckel, Borretsch
1 TL Paprikapulver, edelsüß
½ TL Muskatnusspulver
2 Piri Piri (besonders scharfe Chili aus dem Glas), klein gewürfelt
2 TL eingelegte grüne Pfefferkörner
2 Eier (vegan: Ei-Ersatz siehe S. 15)
2 EL Crème fraîche
3 – 4 EL Kichererbsenmehl
Kräutersalz
weißer Pfeffer aus der Mühle

Brühe mit Öl aufkochen und den Grieß unter Rühren langsam einrieseln lassen. Bei geringer Hitzezufuhr nochmals kurz aufkochen, den Topf von der Platte nehmen und zugedeckt etwa 5 Minuten quellen lassen. Nüsse, Kräuter und Gewürze unter die Grießmasse mischen. Eier und Crème fraîche hinzufügen und mit so viel Kichererbsenmehl verkneten, bis ein formbarer Teig entsteht. Mit Salz und Pfeffer pikant abschmecken.
Formen und backen wie auf Seite 22 beschrieben.

Zu den Burgern schmeckt Remouladensauce (siehe S. 144) oder Grüne Sauce (siehe S. 147).

Cashewkernbällchen

Für 16 – 20 Stück:
100 g Dinkel, mittelfein geschrotet
2 EL Nussöl (ersatzweise Sonnenblumenöl)
200 ml Gemüsebrühe
Kochgewürze im Tee-Ei: 1 Lorbeerblatt und 4 Gewürznelken
2 Eier (vegan: Ei-Ersatz, siehe S. 15)
100 g Cashewkerne, gemahlen
100 g Cashewkerne, grob gehackt
je 1 TL Curry- und Paprikapulver
3 EL Crème fraîche (vegan: 1 EL Nussöl)
2 – 3 Vollkornzwiebackbrösel
Delikata (siehe S. 17)
Kräutersalz
Pfeffer aus der Mühle

Dinkelschrot in Öl leicht anrösten. Mit Brühe aufgießen, Kochgewürze hinzufügen und unter Rühren aufkochen. 15 Minuten abgedeckt quellen lassen. Gewürze entnehmen und alle weiteren Zutaten unter den Dinkelteig mischen. Mit Zwiebackbröseln zu einem formbaren Teig verarbeiten und mit Delikata, Salz und Pfeffer pikant abschmecken.

Formen und wie auf Seite 22 beschrieben frittieren.

Dazu schmeckt z. B. Preiselbeersauce (siehe S. 153) oder eine pikante Sauce.

Kärntner Haselnussküchle

Für 8 – 12 Stück:
100 g Hafer, grob geschrotet
2 EL Nussöl (ersatzweise Sonnenblumenöl)
200 ml Gemüsebrühe
100 g Haselnüsse, gemahlen
100 g Haselnüsse, gehackt
1 TL Kräuterpulver (siehe S. 16)
2 TL Paprikapulver, edelsüß
1 TL Delikata (siehe S. 17)
1 MSP Zimtpulver
¼ TL Gewürznelkenpulver
2 Eier (vegan: Ei-Ersatz, siehe S. 15)
3 EL Crème fraîche (vegan: 1 EL Nussöl)
Kräutersalz
Pfeffer aus der Mühle

Haferschrot in Öl leicht bräunen. Gemüsebrühe aufgießen, unter Rühren aufkochen und abgedeckt 10 Minuten quellen lassen. Nussmehl, Nüsse, Kräuter- und Gewürzpulver in den handwarmen Haferteig geben. Eier untermengen und alles gut verkneten. Crème fraîche hinzufügen und mit Salz und Pfeffer pikant abschmecken. Formen und backen wie auf Seite 22 beschrieben.

Zu den Küchle schmeckt gleichermaßen scharfe Tomatensauce (siehe S. 145) als auch Preiselbeer- oder Erdbeersauce (siehe S. 153).

Waliser Walnusstaler

Für 8 Stück:
100 g Weizen, mittelfein geschrotet
3 EL Walnussöl (ersatzweise Sonnenblumenöl)
200 ml Gemüsebrühe
Gewürze zum Mitkochen: 1 Lorbeerblatt
und 8 weiße Pfefferkörner
2 Eier (vegan: Ei-Ersatz, siehe S. 15)
100 g Walnusskerne, gemahlen
100 g Walnusskerne, grob gehackt
1 TL Kräuterpulver (siehe S. 16)
1 TL Paprikapulver, edelsüß
je ¼ TL Macispulver und Korianderpulver
1 TL Picata (siehe S. 17)
3 EL Crème fraîche (vegan: 1 EL Nussöl)
Kräutersalz
Pfeffer aus der Mühle

Weizenschrot in Öl goldgelb rösten. Gemüsebrühe und Kochgewürze hinzufügen und unter Rühren aufkochen. 15 Minuten in geschlossenem Topf quellen lassen. Das Lorbeerblatt entnehmen, Eier, Nussmehl, gehackte Nüsse, Kräuter und Gewürze mit dem handwarmen Weizenteig verkneten. Crème fraîche untermischen und mit Salz und Pfeffer pikant abschmecken.
Formen und backen wie auf Seite 22 beschrieben.

Dazu passt ebenso Erdbeersauce (siehe S. 153) wie scharfe Tomatensauce (siehe S. 145).

Maronenkroketten

Für 12 – 16 Stück:

300 g frische Maronen (Esskastanien, Nettogewicht),
  ersatzweise 200 g eingelegte Maronen aus dem Glas
100 g Gerste, mittelfein geschrotet
4 EL Nussöl
200 ml Gemüsebrühe
4 Gewürznelken
8 weiße Pfefferkörner
2 Eier (vegan: Ei-Ersatz siehe S. 15)
3 EL Schlagsahne (vegan: 1 EL Nussöl)
2 Lauchzwiebeln, feine Ringe
2 TL Kräuterpulver
1 TL Paprikapulver, edelsüß
½ TL Kardamompulver
1 MSP Zimtpulver
1 TL Picata (siehe S. 17)
3 – 4 EL Vollkornzwiebackbrösel
Kräutersalz
Pfeffer aus der Mühle

Die Maronen etwa einen Zentimeter lang einkerben, auf ein Backblech legen und bei 200 °C (Umluft 180 °C) auf mittlerer Schiene 30 Minuten backen.
In der Zwischenzeit Gerstenschrot in Öl kurz rösten. Mit Gemüsebrühe aufgießen, die Kochgewürze hinzufügen und unter Rühren aufkochen. Anschließend ohne weitere Hitzezufuhr 15 Minuten abgedeckt quellen lassen.

Die Maronen noch warm aus der Schale lösen. Nach dem Abkühlen 200 g abwiegen und fein hacken.
Die Kochgewürze aus dem handwarmen Gerstenteig entfernen und Maronen und Sesammus mit dem Gerstenteig verkneten.
Eier, Sahne, Zwiebeln, Kräuter und Gewürze hinzufügen und das Ganze mit Zwiebackbröseln zu einem formbaren Teig verarbeiten.
Mit Salz und Pfeffer pikant abschmecken.
Formen und backen wie auf Seite 22 beschrieben.

Zu den Kroketten schmeckt eine Käsesauce (siehe S. 151) oder Tomatenketchup (siehe S. 142).

Erdnussbratlinge

Für 8 Stück:
150 ml Gemüsebrühe
2 EL Erdnussöl
1 TL Korianderkörner, grob zerstoßen
125 g Vollkornweizengrieß
1 EL Erdnussmus
200 g geröstete Erdnüsse, gehackt
1 Ei (vegan: Ei-Ersatz, siehe S. 15)
1 – 2 TL Picata (siehe S. 17)
2 EL Crème fraîche (vegan: 2 TL Nussöl)
4 EL Erdnüsse, gemahlen
Kräutersalz
Pfeffer aus der Mühle

Brühe mit Öl und Koriander aufkochen und den Grieß langsam einrühren. Den Topf von der Platte nehmen und zugedeckt etwa 5 Minuten quellen lassen. Alle Zutaten mit der Grießmasse verkneten und mit Erdnussmehl zu einem formbaren Teig verarbeiten. Mit Salz und Pfeffer pikant abschmecken.

Formen und backen wie auf Seite 22 beschrieben. Die Backzeit beträgt 8 Minuten auf jeder Seite.

Zu den Bratlingen passt beispielsweise Schnittlauch-Sahne-Sauce, Grüne Sauce (siehe S. 147) oder Gorgonzolasauce (siehe S. 151).

Erfrischendes aus Sprossen

Weizenkeimkroketten

Für 12 Stück:
100 g Weizen, mittelfein geschrotet
200 ml Gemüsebrühe
Gewürze zum Mitkochen im Tee-Ei:
  1 Zweig Rosmarin und 2 Lorbeerblätter
1 Lauchzwiebel, fein geschnitten
1 Knoblauchzehe, zerdrückt
2 EL Sonnenblumenöl
200 g Weizenkeimlinge
  (von ca. 100 g Weizen, siehe S. 11), gehackt
2 Eier (vegan: Ei-Ersatz, siehe S. 15)
60 g Paranüsse, gehackt
je 1 EL Petersilie und Basilikum, fein gehackt
1 TL Paprikapulver, edelsüß
1 TL Picata (siehe S. 17)
3 – 4 EL Vollkornzwiebackbrösel
Kräutersalz
Pfeffer aus der Mühle

Weizenschrot in die kochende Gemüsebrühe rühren, Kochgewürze hinzufügen und 15 Minuten abgedeckt quellen lassen.
In der Zwischenzeit Zwiebeln und Knoblauch in Öl goldgelb dünsten. Weizenkeimlinge hinzufügen und kurz mitdünsten. Gewürze aus dem Weizenbrei nehmen und den Pfanneninhalt, Eier, Nüsse, Kräuter und Gewürze hinzufügen. Mit Zwiebackbröseln zu einem formbaren Teig verkneten und mit Salz und Pfeffer pikant abschmecken.
Formen und backen wie auf Seite 22 beschrieben.

Zu den Kroketten schmeckt z. B. Senfsauce (siehe S. 148) oder Teufelssauce (siehe S. 146).

Alfalfasprossenburger

Für 12 Stück:
100 g Hirse
250 ml Gemüsebrühe
2 Lauchzwiebeln, fein gehackt
2 EL Senföl (ersatzweise Sonnenblumenöl)
100 g Alfalfasprossen, klein geschnitten
  (aus ca. 50 g Samen, siehe S. 11)
50 g Mandeln, gehackt
2 Eier (vegan: Ei-Ersatz, siehe S. 15)
1 Bund Petersilie, gehackt
2 TL Paprikapulver, edelsüß
1 TL Picata (siehe S. 17)
Kräutersalz
Pfeffer aus der Mühle

Hirse in die kochende Brühe einrühren und ohne Hitzezufuhr in geschlossenem 15 Minuten Topf quellen lassen. Zwiebeln in Öl goldgelb braten, Sprossen und Mandeln hinzufügen und 5 Minuten mitdünsten. Alle Zutaten mit dem handwarmen Hirsebrei verkneten. Mit Salz und Pfeffer pikant abschmecken.
Formen und backen wie auf Seite 22 beschrieben.

Dazu schmeckt z. B. schafe Tomatensauce (siehe S. 145) oder Senfsauce (siehe S. 148).

Rettichsprossenbällchen

Für 12 Stück:
300 ml Gemüsebrühe
Gewürze zum Mitkochen im Tee-Ei:
   1 Lorbeerblatt und 4 Wacholderbeeren
100 g Maisgrieß
3 Lauchzwiebeln, feine Ringe
3 EL Rapsöl
1 Knoblauchzehe
100 g Rettichsprossen (aus ca. 50 g Samen, siehe S. 11)
3 eingelegte Trockentomaten, klein gewürfelt
40 g Erdnüsse, gehackt
2 Eier (vegan: Ei-Ersatz, siehe S. 15)
1 Bund Schnittlauch, feine Röllchen
1 TL Picata (siehe S. 17)
½ – 1 TL Kümmel, gemahlen
3 – 4 EL Maismehl
Kräutersalz
Pfeffer aus der Mühle

Die Gemüse mit den Gewürzen etwa 10 Minuten lang abgedeckt köcheln lassen und anschließend die Gewürze herausnehmen.
Maisgrieß in die kochende Gemüsebrühe einrühren und bei geringster Hitzezufuhr 20 Minuten in geschlossenem Topf quellen lassen. In der Zwischenzeit Zwiebeln und Knoblauch in Öl goldgelb dünsten. Rettichsprossen, Tomatenwürfel und Nüsse hinzufügen und kurz mitdünsten.
Den abgekühlten Pfanneninhalt mit dem handwarmen Maisgrieß mischen. Eier, Kräuter und Gewürze untermengen und so viel Maismehl hinzufügen, bis ein formbarer Teig entsteht. Mit Salz und Pfeffer pikant abschmecken.
Formen und backen wie auf Seite 22 beschrieben.

Zu den Bällchen schmeckt Grüne Sauce (siehe S. 147).

Linsensprossenpuffer

Für 16 Stück:
100 g grüne Linsen,
  über Nacht in reichlich Wasser eingeweicht
Gewürze zum Mitkochen im Tee-Ei:
  1 Lorbeerblatt und 3 cm Zimtstange
250 ml Gemüsebrühe
2 Lauchzwiebeln, fein gehackt
1 Knoblauchzehe, zerdrückt
3 EL Erdnussöl (ersatzweise Sonnenblumenöl)
200 g Linsensprossen (aus ca. 100 g Linsen, siehe S. 11)
50 g Cashewkerne, gehackt
2 Eier (vegan: Ei-Ersatz, siehe S. 15)
2 EL Küchenkräuter, fein gehackt:
  Petersilie, Bohnenkraut und Basilikum
  oder 2 TL Kräuterpulver (siehe S. 16)
1 TL Delikata (siehe S. 17)
3 – 4 EL Vollkornzwiebackbrösel
Kräutersalz
Pfeffer aus der Mühle

Die Linsen in einem Sieb spülen und mit den Gewürzen in der Gemüsebrühe etwa 30 Minuten garen. In der Zwischenzeit Zwiebeln und Knoblauch in Öl braten, bis die Zwiebeln eine goldgelbe Farbe angenommen haben. Linsensprossen und Cashewkerne unterrühren und 5 Minuten mitdünsten.

Die Kochgewürze aus dem Linsenbrei nehmen und eventuell überschüssige Brühe abgießen. Mit dem abgekühlten Pfanneninhalt und den Eiern vermengen. Kräuter und Gewürze darüber streuen und so viel Zwiebackbrösel unterarbeiten, bis ein formbarer Teig entsteht. Mit Salz und Pfeffer pikant abschmecken.

Formen und backen wie auf Seite 22 beschrieben.

Hierzu passt zum Beispiel scharfe Tomatensauce (siehe S. 145).

Senfsprossenfrikadellen

Für 12 Stück:
300 ml Gemüsebrühe
100 g Maisgrieß
3 Schalotten, fein gehackt
1 Knoblauchzehe, zerdrückt
3 EL Sonnenblumenöl
100 g Senfsprossen (aus ca. 50 g Samen, siehe S. 11)
60 g Erdnüsse, gehackt
2 Eier (vegan: Ei-Ersatz, siehe S. 15)
2 EL Schnittlauchröllchen
2 TL Paprika, edelsüß
1 TL Senfkörner, zerstoßen
1 EL Honigsenf (siehe S. 144)
Kräutersalz
Pfeffer aus der Mühle

Die Gemüsebrühe aufkochen, Maisgrieß einrühren und bei geringster Hitzezufuhr 20 Minuten in geschlossenem Topf quellen lassen. Zwischenzeitlich Schalotten und Knoblauch in Öl anbraten. Senfsprossen und Erdnüsse unterrühren und kurz mitdünsten. Den Pfanneninhalt mit dem gegarten Maisgrieß vermischen. Eier, Kräuter, Gewürze und Senf in den Teig geben und alle Zutaten gut verkneten. Mit Salz und Pfeffer abschmecken.
Formen und backen wie auf Seite 22 beschrieben.

Dazu passt Teufelssauce (siehe S. 146) oder scharfe Tomatensauce (siehe S. 145).

Mungosprossenfladen

Für 12 Stück:
100 g Mungobohnen, über Nacht eingeweicht
200 ml Gemüsebrühe
2 Lauchzwiebeln, fein gehackt
3 EL Sesamöl (ersatzweise Sonnenblumenöl)
200 g Mungosprossen (aus 100 g Mungobohnen, siehe S. 11)
60 g Sonnenblumenkerne
1 EL frischer Ingwer, fein gerieben
2 Eier (vegan: Ei-Ersatz, siehe S. 15)
¼ TL Cayennepfeffer
2 EL Kräuter, gehackt: Petersilie, Korianderkraut und Borretsch
    oder 1 TL Kräuterpulver
Kräutersalz
Pfeffer aus der Mühle

Die eingeweichten Mungobohnen spülen und abtropfen. In der Gemüsebrühe etwa 15 Minuten weich kochen. Inzwischen die Zwiebeln in Öl glasig dünsten, Sprossen, Kerne und Ingwer hinzufügen und kurz mitbraten. Den Pfanneninhalt unter die Mungomasse rühren. Eier, Gewürze und Kräuter unterkneten und mit Salz und Pfeffer pikant abschmecken.
Formen und backen wie auf Seite 22 beschrieben.

Dazu schmeckt Grüne Sauce (siehe S. 147) oder auch Remouladensauce (siehe S. 144).

Herzhafte Cheeseburger

Parmesantortillas

Für 8 – 10 Stück:
300 ml Gemüsebrühe
Gewürze zum Mitkochen im Tee-Ei:
   6 Pfefferkörner, 4 Wacholderbeeren, 4 Gewürznelken
100 g Maisgrieß
1 Zwiebel, gehackt
1 Knoblauchzehe, zerdrückt
150 g Parmesan, gerieben
50 g Erdnüsse, geröstet
2 EL Schnittlauch, feine Röllchen
1 TL Paprikapulver, edelsüß
Pfeffer aus der Mühle

Gemüsebrühe mit den Gewürzen aufkochen, Maisgrieß unter ständigem Rühren langsam hineinrieseln lassen. Bei geringster Hitzezufuhr 20 Minuten in geschlossenem Topf quellen lassen. Anschließend Gewürze entnehmen. Zwiebeln, Knoblauch, Käse, Nüsse und Schnittlauch untermengen. Mit Paprikapulver und Pfeffer abschmecken.
Formen und backen wie auf Seite 22 beschrieben.

Hierzu schmecken z. B. süße Fruchtsaucen (siehe S. 152) oder Teufelssauce (siehe S. 146).

Mainzburger

Für 12 Stück:
300 g Schalotten, gehackt
2 Knoblauchzehen, zerdrückt
2 EL Sonnenblumenöl
200 g Mainzer Handkäse, klein gehackt
1 Bund Schnittlauch, feine Röllchen
40 g Haselnüsse, gehackt
½ TL Kümmel, gemahlen
1 – 2 TL Paprikapulver, edelsüß
2 Eier (vegan: Ei-Ersatz, siehe S. 15)
4 – 6 Scheiben Vollkornzwieback, zerbröselt
Pfeffer aus der Mühle

Schalotten und Knoblauch in Öl goldgelb dünsten. Nach dem Abkühlen mit Käse, Schnittlauch, Nüssen, Kümmel und Paprikapulver verkneten. Eier untermengen und nach und nach so viel Zwiebackbrösel hinzufügen, bis eine formbare Masse entsteht. Mit Pfeffer pikant abschmecken.
Formen und backen wie auf Seite 22 beschrieben.

Hierzu passt beispielsweise Remouladensauce (siehe S. 144) oder Birnensauce (siehe S. 152).

Gruyèrebällchen

Für 16 – 20 Stück:
240 ml Gemüsebrühe
Gewürze zum Mitkochen im Tee-Ei:
  8 schwarze Pfefferkörner und 2 Lorbeerblätter
100 g Quinoa, kalt abgebraust
120 g Porree, fein geschnitten
150 g Gruyère, gerieben
2 TL Kräuter der Provence
50 g Mandeln, gehackt
3 – 4 EL Vollkornzwiebackbrösel
Chilipulver
weißer Pfeffer aus der Mühle

Brühe mit den Gewürzen aufkochen. Quinoa einrühren und bei geringer Hitze in geschlossenem Topf ca. 30 Minuten garen. Die Kochgewürze entfernen, Porree, Käse, Kräuter und Mandeln untermengen und mit Zwiebackbröseln zu einem formbaren Teig verkneten. Mit Chilipulver und Pfeffer pikant abschmecken.
Formen und frittieren wie auf Seite 22 beschrieben.

Zu den Bällchen schmecken z. B. Preiselbeer- oder Erdbeersauce (siehe S. 153) oder Grüne Sauce (siehe S. 147).

Mozzarellatortillas

Für 12 – 14 Stück:
300 ml Gemüsebrühe (1 TL Extrakt)
Gewürze zum Mitkochen im Tee-Ei:
 1 Lorbeerblatt, 10 weiße Pfefferkörner
 und 4 Wacholderbeeren
100 g Maisgrieß
1 Zwiebel, gehackt
2 Knoblauchzehen, zerdrückt
2 EL Olivenöl
3 eingelegte Trockentomaten, klein gewürfelt
1 rote Peperonischote, klein gewürfelt
200 g Mozzarella, zerdrückt
2 TL Rosmarinnadeln, gehackt
1 EL Salbeiblätter, gehackt
40 g geröstete Pistazien, gehackt
3 – 4 EL Maismehl
1 TL Paprikapulver, edelsüß
Pfeffer aus der Mühle

Die Gemüsebrühe mit den Gewürzen 15 Minuten köcheln lassen. Das Tee-Ei herausnehmen und den Maisgrieß einrühren. Bei geringer Hitzezufuhr in geschlossenem Topf 20 Minuten quellen lassen. Gelegentlich umrühren. Zwischenzeitlich Zwiebeln und Knoblauch in Öl goldgelb anbraten, Tomaten- und Peperoniwürfel hinzufügen und etwa 10 Minuten mitdünsten. Pfanneninhalt, Käse und alle weiteren Zutaten untermengen und mit etwas Maismehl zu einem formbaren Teig verkneten. Mit Paprikapulver und Pfeffer pikant abschmecken.
Formen und backen wie auf Seite 22 beschrieben.

Hierzu schmecken z. B. süße Fruchtsaucen (siehe S. 152) oder Grüne Sauce (siehe S. 147).

Limburger

Für 8 – 10 Stück:
100 g noch fester Limburger- oder Backsteinkäse, klein gehackt
300 g Lauchzwiebeln, fein geschnitten
2 Knoblauchzehen, zerdrückt
1 Bund Petersilie, gehackt
40 g Walnüsse, gehackt
2 Eier (vegan: Ei-Ersatz, siehe S. 15)
4 – 6 Scheiben Vollkornzwieback, zerbröselt
Kümmel, gemahlen
Pfeffer aus der Mühle

Käsekrümel, Zwiebeln, Knoblauch, Petersilie und Nüsse mischen. Eier untermengen nach und nach so viel Zwiebackbrösel unterarbeiten, bis eine formbare Masse entsteht. Mit Kümmel und Pfeffer pikant abschmecken.
Formen und backen wie auf Seite 22 beschrieben.

Dazu passen Curry-Mango-Sauce (siehe S. 145), oder Fruchtsaucen (siehe S. 152).

Roquefortkroketten

Für 12 – 14 Stück:
100 g Vollkornzwieback, fein zerbröselt
120 g Roquefortkäse oder anderer Edelpilzkäse, zerdrückt
200 g Birnenfruchtfleisch, klein gewürfelt
120 g Chicorée, fein geschnitten
40 g Walnüsse, gehackt
2 TL Kräuter der Provence
1 – 2 TL Paprikapulver, edelsüß
Pfeffer aus der Mühle

Drei Esslöffel Zwiebackbrösel über den Käse streuen und mit der Gabel zu einer krümeligen Masse zerdrücken. Birnenwürfel, Chicorée, Nüsse und Kräuter mit den Käsekrümeln vermischen und mit dem Rest der Zwiebackbrösel zu einem formbaren Teig verkneten. Mit Paprikapulver und Pfeffer pikant abschmecken.
Formen und frittieren wie auf Seite 22 beschrieben.

Zu den Kroketten schmeckt z. B. Birnensauce (siehe S. 152) oder Käse-Pfeffer-Sauce (siehe S. 151).

Goudabuletten

Für 12 Stück:
150 g Gouda, gerieben
50 g Vollkornsemmelbrösel
200 g Stangensellerie, fein geschnitten
100 g Lauch, fein geschnitten
40 g Mandeln, gehackt
2 EL Küchenkräuter, fein geschnitten:
  Basilikum, Schnittlauch, Petersilie
½ – 1 TL Harissa (siehe S. 143)
1 MSP Gewürznelkenpulver
Paprikapulver, edelsüß
weißer Pfeffer aus der Mühle

Gouda mit 5 EL Semmelbröseln zu einer krümeligen Masse zerdrücken. Sellerie, Lauch, Mandeln, Kräuter und Gewürze mit der Käsemasse vermischen und mit dem Rest der Semmelbrösel zu einem formbaren Teig verkneten. Mit Paprikapulver und Pfeffer pikant abschmecken.
Formen und backen wie auf Seite 22 beschrieben.

Dazu passt Fruchtsaucen (siehe S. 152) oder Tomatenketchup (siehe S. 142).

Appenzellpuffer

Für 8 – 10 Stück:
200 g Appenzeller, gerieben
80 g trockener Vollkorntoast, zerbröselt
50 g Sonnenblumenkerne, geröstet (siehe S. 18)
300 g weißer Porree, fein geschnitten
2 EL Petersilie, fein geschnitten
1 TL Harissa (siehe S. 143)
Paprikapulver, edelsüß
weißer Pfeffer aus der Mühle

Käse mit vier Esslöffeln Bröseln zu einer krümeligen Masse zerdrücken. Sonnenblumenkerne, Lauch, Kräuter und Gewürze mit der Käsemasse vermischen und mit den restlichen Toastbröseln zu einem formbaren Teig verkneten. Mit Paprikapulver und Pfeffer pikant abschmecken.
Formen und backen wie auf Seite 22 beschrieben.

Dazu passt Preiselbeer- oder Erdbeersauce (siehe S. 153) oder Tomatenketchup (siehe S. 142).

Schafskäsefrikadellen

Für 12 Stück:
300 ml Gemüsebrühe
Gewürze zum Mitkochen im Tee-Ei:
   1 Lorbeerblatt und 4 Gewürznelken
100 g Maisgrieß
1 Zwiebel, gehackt
2 Knoblauchzehen, zerdrückt
1 rote Peperonischote, klein gewürfelt
150 g Schafkäse, zerdrückt
5 grüne Oliven, klein gewürfelt
1 EL Olivenöl
4 TL gemischte Kräuter, gerebelt:
   Rosmarin, Oregano, Basilikum
50 g Mandeln, gehackt
1 TL Paprikapulver, edelsüß
Pfeffer aus der Mühle

Die Gemüsebrühe mit den Gewürzen aufkochen und den Maisgrieß einrühren. Bei geringster Hitze zugedeckt 20 Minuten quellen lassen. In der Zwischenzeit Zwiebeln und Knoblauch goldgelb dünsten, Peperoniwürfel hinzufügen und kurz mitschwitzen. Kochgewürze aus dem Maisgrieß entfernen. Pfanneninhalt, Käse und alle weiteren Zutaten untermengen. Mit Paprikapulver und Pfeffer pikant abschmecken.
Formen und backen wie auf Seite 22 beschrieben.

Zu den Fladen schmeckt beispielsweise scharfe Tomatensauce (siehe S. 145) oder Grüne Sauce (siehe S. 147).

Camembertkroketten

Für 12 Stück:
150 g Camembert (45 % Fett i. Tr.), zerdrückt
100 – 120 g trockener Vollkorntoast, feine Brösel
300 g Chicorée, klein geschnitten
3 EL Preiselbeermarmelade
1 Kästchen Kresse
1 TL Chilisauce
40 g Walnüsse, gehackt
Pfeffer aus der Mühle

Camembert und drei Esslöffel Toastbrösel mit der Gabel zu einer krümeligen Masse zerdrücken. Chicorée mit den Käsekrümeln vermengen, Preiselbeermarmelade, Kresse, Chilisauce und Nüsse hinzufügen und mit dem Rest der Toastbrösel zu einem formbaren Teig verkneten. Mit Pfeffer pikant abschmecken.
Formen und frittieren wie auf Seite 22 beschrieben.

Zu den Kroketten schmecken beispielsweise süße Fruchtsaucen (siehe S. 152).

Allerlei Pikantes aus Pilzen

Pfifferlingbällchen

Für 16 – 20 Stück:
100 g Kichererbsen, über Nacht eingeweicht
300 ml Gemüsebrühe
4 Lauchzwiebeln, feine Ringe
3 EL Sonnenblumenöl
400 g Pfifferlinge, klein gehackt
2 Eier (vegan: Ei-Ersatz, siehe S. 15)
1 Bund Petersilie, fein geschnitten
2 TL Curcumapulver
¼ TL Cayennepfeffer
je 1 EL Oregano und Rosmarin, gerebelt
3 – 4 EL Kichererbsenmehl
1 TL Kräutersalz
Pfeffer aus der Mühle

Die Kichererbsen abbrausen und in der Gemüsebrühe etwa 2 Stunden weich kochen. Die Zwiebeln in Öl goldgelb anbraten, die Pilze hinzufügen und in der offenen Pfanne ca. 10 Minuten mitdünsten. Die Pilze sollen kein Wasser abgeben. Die gegarten Kichererbsen abtropfen und in einer Schüssel zerstampfen. Alle Zutaten vermengen und mit Kichererbsenmehl zu einem formbaren Teig verarbeiten. Mit Salz und Pfeffer pikant abschmecken.
Formen und backen wie auf Seite 22 beschrieben.

Dazu schmeckt z. B. Grüne Sauce (siehe S. 147) oder scharfe Tomatensauce (siehe S. 145).

Champignontortillas

Für 12 Stück:
50 g Maisgrieß
150 ml Gemüsebrühe
1 große Zwiebel, fein gehackt
1 Knoblauchzehe, zerdrückt
2 EL Sonnenblumenöl
400 g Champignons, klein gewürfelt
2 TL Kräuterpulver
2 Eier (vegan: Ei-Ersatz, siehe S. 15)
60 g Cashewkerne, gehackt
1 – 2 TL Harissa (siehe S. 143)
3 – 4 EL Maismehl
Kräutersalz
Pfeffer aus der Mühle

Maisgrieß in die kochende Brühe rühren und 20 Minuten bei geringster Hitzezufuhr in geschlossenem Topf quellen lassen. Zwiebeln und Knoblauch in Öl dünsten, Pilze hinzufügen und 10 Minuten in offener Pfanne mitdünsten. Alle Zutaten mit dem Maisgrieß vermengen und mit Maismehl zu einem formbaren Teig verarbeiten. Mit Salz und Pfeffer abschmecken.
Formen und backen wie auf Seite 22 beschrieben.

Hierzu schmeckt z. B. scharfe Tomatensauce (siehe S. 145) oder Grüne Sauce (siehe S. 147).

Steinpilzbuletten

Für 12 Stück:

*100 g gelbe Trockenerbsen,
  über Nacht in reichlich Wasser eingeweicht
Gewürze zum Mitkochen im Tee-Ei:
  1 Lorbeerblatt und 4 Gewürznelken
200 ml Gemüsebrühe
2 Zwiebeln, klein gehackt
3 EL Sonnenblumenöl
1 gelbe Peperoni, klein gewürfelt
400 g Steinpilze, klein gehackt
2 Eier (vegan: Ei-Ersatz, siehe S. 15)
50 g Mandeln, gehackt
2 TL Paprikapulver, edelsüß
½ – 1 TL Cayennepfeffer
3 EL Küchenkräuter, gehackt:
  Petersilie, Liebstöckel und Majoran
  oder 2 TL Kräuterpulver (siehe S. 16)
4 – 6 EL Vollkornzwiebackbrösel
Kräutersalz
Pfeffer aus der Mühle*

Die Erbsen abbrausen und mit den Gewürzen in der Gemüsebrühe etwa 1 Stunde weich kochen.

Zwiebeln in Öl goldgelb dünsten. Peperoni und Pilze hinzufügen und in der offenen Pfanne etwa 10 Minuten mitdünsten. Die Pilze sollen kein Wasser abgeben.

Eventuell überschüssige Erbsenbrühe abgießen, die Gewürze herausnehmen und die Hülsenfrüchte mit dem Hackmesser des elektrischen Handgerätes zerkleinern oder mit der Gabel zerdrücken. Den abgekühlten Pfanneninhalt, Eier, Mandeln, Gewürze und Kräuter untermengen und mit Zwiebackbröseln zu einem formbaren Teig verarbeiten. Mit Salz und Pfeffer pikant abschmecken.

Formen und backen wie auf Seite 22 beschrieben.

Hierzu passt z. B. Grüne Sauce (siehe S. 147) oder Schnittlauch-Cornichon-Sauce (siehe S. 149).

Austernpilzburger

Für 12 Stück:
240 ml Gemüsebrühe
Gewürze zum Mitkochen im Tee-Ei: 1 Lorbeerblatt,
 4 Wacholderbeeren und 3 Gewürznelken
100 g Quinoa, abgebraust
1 Zwiebel, fein gehackt
1 Knoblauchzehe, zerdrückt
2 EL Sonnenblumenöl
400 g Austernpilze, klein gewürfelt
1 rote Peperoni, klein gehackt
50 g geröstete Pistazien, gehackt
1 TL Picata (siehe S. 17)
¼ – ½ TL Cayennepfeffer
2 EL Kräuter, klein gehackt:
 Majoran, Basilikum, Thymian oder 1 TL Kräuterpulver
2 Eier (vegan: Ei-Ersatz, siehe S. 15)
4 – 6 EL Vollkornsemmelbrösel
Kräutersalz
Pfeffer aus der Mühle

Die Gemüsebrühe mit den Gewürzen 5 Minuten kochen. Die Gewürze entnehmen und die Quinoakörnchen unter Rühren einrieseln lassen. 30 Minuten lang bei geringster Hitzezufuhr in geschlossenem Topf köcheln.

Währenddessen Zwiebeln und Knoblauch in Öl goldgelb braten. Pilze, Peperoni und Pistazien hinzufügen und etwa 10 Minuten in der offenen Pfanne mitdünsten. Die Pilze sollen kein Wasser abgeben.

Die Gewürze und Kräuter über die Pilze streuen und den abgekühlten Pfanneninhalt mit dem handwarmen Quinoabrei vermischen. Die Eier untermengen und den Teig mit Semmelbröseln zu einem formbaren Teig verkneten. Mit Salz und Pfeffer pikant abschmecken.
Formen und backen wie auf Seite 22 beschrieben.

Hierzu passt z. B. Senfsauce (siehe S. 148) oder Grüne Sauce (siehe S. 147).

Shiitake-Kroketten

Für 14 – 16 Stück:
100 g Natur-Rundkornreis, kalt abgebraust
200 ml Gemüsebrühe
4 Lauchzwiebeln, feine Ringe
1 Knoblauchzehe, zerdrückt
3 EL Nussöl
400 g Shiitake, klein gewürfelt
1 rote Peperonischote, klein gewürfelt
je 1 TL Curcumapulver und Paprikapulver, edelsüß
je ½ TL Kardamompulver und Korianderpulver
2 Eier (vegan: Ei-Ersatz, siehe S. 15)
4 – 6 EL Vollkornsemmelbrösel
Kräutersalz
Pfeffer aus der Mühle

Reis in der Brühe etwa 45 Minuten weich kochen. Zwiebeln und Knoblauch in Öl anbraten. Pilze und Peperoni hinzufügen und kurz mitbraten. Alle Zutaten vermengen und mit Bröseln zu einem formbaren Teig verarbeiten. Mit Salz und Pfeffer abschmecken. Formen und backen wie auf Seite 22 beschrieben.

Dazu schmeckt z. B. Ananas-Kokos-Sauce (siehe S. 148) oder Teufelssauce (siehe S. 146).

Süße Früchteburger

Apfel-Kokos-Burger

Für 12 – 14 Stück:
400 g Äpfel ohne Kernhaus, grob geraspelt
Saft einer Zitrone
100 g Blütenhonig
150 g Kokosflocken
1 TL Delifrut (siehe S. 17)
½ TL Bourbon-Vanillepulver
2 Eier (vegan: Ei-Ersatz, siehe S. 15)

Geraspelte Äpfel sofort mit Zitronensaft mischen, damit sie nicht anlaufen. Honig, die mit Gewürzen vermischten Kokosflocken und Eier hinzufügen und alle Zutaten gut verkneten. Formen und backen wie auf Seite 22 beschrieben, jedoch die Backzeit auf etwa 30 Minuten verlängern. Die Burger werden nicht gewendet. Nach Ablauf der Backzeit den Grill einschalten und die Burger auf der obersten Einschubhöhe 3 – 4 Minuten grillen.

Dazu passt beispielsweise Vanillecreme (siehe S. 154) oder Preiselbeersauce (siehe S. 153).

Feigentaler

Für 16 – 20 Stück:
100 – 150 ml Wasser
Gewürze zum Mitkochen im Tee-Ei:
    1 TL Anissamen, 3 Gewürznelken
250 g Dörrfeigen, fein geschnitten
Saft und geriebene Schale einer unbehandelten Zitrone
160 g Cashewkerne, gemahlen
1 EL Blütenhonig
1 TL Anispulver
1 TL Delifrut (siehe S. 17)
1 MSP Vollmeersalz

Wasser mit den Gewürzen etwa 10 Minuten köcheln lassen. Die Feigen mit Zitronensaft und etwa 100 ml abgeseihtem Gewürzwasser übergießen und mit Nussmehl, Honig und Gewürzen gründlich verkneten. Je nach Trockenheitsgrad der Früchte muss noch etwas Gewürzwasser zugegeben werden, damit der Teig nicht zu fest wird.

Formen und backen wie auf Seite 22 beschrieben, jedoch auf jeder Seite nur 5 – 8 Minuten backen. Wahlweise 3 – 5 Minuten frittieren.

Hierzu schmeckt zum Beispiel Orangenschaum (siehe S. 153).

Mangopuffer

Für 12 – 14 Stück:
300 ml Milch (vegan: Mandelmilch, siehe S. 135)
2 EL Butter (vegan: Sonnenblumenöl)
1 MSP Vollmeersalz
160 g Natur-Rundkornreis, kalt abgebraust
350 g Mangofruchtfleisch, kleine Stückchen
1 EL (15 g) frischer Ingwer, gerieben
50 g Blütenhonig
60 g Sultaninen
100 g abgezogene Mandeln, gehackt
2 Eier (vegan: Ei-Ersatz, siehe S. 15)

Milch mit Butter (Öl) aufkochen und den mit Salz vermischten Reis einrühren. Bei geringer Hitzezufuhr etwa 45 Minuten weich kochen, bis alle Flüssigkeit aufgesogen ist. Mangostückchen mit Ingwer, Honig, Sultaninen und Mandeln mischen und zusammen mit den Eiern unter den abgekühlten Reis mengen.
Formen und backen wie auf Seite 22 beschrieben.

Hierzu schmeckt z. B. Ingwersauce (siehe S. 149) oder Mandarinenschaum (siehe S. 153).

Bananen-Schoko-Kroketten

Für 16 Stück:
300 g Bananenfruchtfleisch (ca. 3 Bananen)
1 EL Zitronensaft
1 EL Blütenhonig
75 g ungeschälte Mandeln, gemahlen
2 TL Kakaopulver
je 1 MSP Gewürznelkenpulver und Zimt
½ TL Bourbon-Vanillepulver
80 g Vollkornzwiebackbrösel
Vollkornzwiebackbrösel zum Wälzen
Puderzucker zum Bestäuben

Bananen zerdrücken. Die übrigen Zutaten mischen und mit dem Bananenbrei vermengen. Kroketten formen, in Bröseln wälzen und in reichlich Fett (z. B. in der Fritteuse bei 175 °C) 1 Minute frittieren. Mit Puderzucker bestäuben.

Dazu schmeckt beispielsweise Vanillecreme (siehe S. 154) oder Erdbeersauce (siehe S. 153).

Mohnküchle

Für 16 Stück:

Mohnfüllung:
125 g Mohn, gemahlen
100 ml Milch (vegan: Mandelmilch, siehe S. 135)

Küchleteig:
150 ml Milch (vegan: Mandelmilch)
2 EL Nussöl
½ Schote Bourbonvanille, der Länge nach aufgeritzt
¼ TL Vollmeersalz
125 g Vollkornweizengrieß
100 g abgezogene Mandeln, gemahlen
4 Bittermandeln, gemahlen
100 g Rosinen, ungeschwefelt
3 EL Rum 40 %
  (der Alkohol verflüchtigt sich beim Backen)
100 g Blütenhonig

Für die Füllung den Mohn mit der kochenden Milch übergießen und abgedeckt etwa 15 Minuten quellen lassen.
Für den Teig die Milch mit Öl und Vanille aufkochen und den mit Salz vermischten Grieß mit dem Schneebesen langsam einrühren. Den Topf von der Platte nehmen und den Grieß zugedeckt etwa 10 Minuten quellen lassen. Nach dem Abkühlen die Vanillestange entnehmen, Mandeln, Rosinen, Rum und Honig hinzufügen und mit der Mohnfüllung zu einem nicht zu festen Teig verarbeiten. Formen und backen wie auf Seite 22 beschrieben.

Hierzu schmeckt z. B. Vanillecreme (siehe S. 154).

Mandelmilch

50 g Mandeln, abgezogen
400 ml Wasser

Die Mandeln mit etwa 100 ml Wasser mit dem Schlagmesser des Handmixers pürieren und anschließend das restliche Wasser hinzugeben. Ein hochtouriger Mixer bringt eine feine Mandelmilch zustande. Andernfalls die Mandeln vorher in der Nussmühle mahlen.

Dattelkugeln

Für 16 Stück:
125 – 150 ml Wasser
Gewürze zum Mitkochen im Tee-Ei:
  ca. 3 cm lange Zimtstange, 3 Gewürznelken und
  4 ganze Kardamomsamen ohne Schale
250 g entsteinte Datteln
Saft und geriebene Schale einer unbehandelten Zitrone
100 g Macadamianüsse, gemahlen
1 EL Honig
1 MSP Piment
1 TL Delifrut (siehe S. 17)
2 TL Johannisbrotkernmehl

Wasser mit den Gewürzen aufkochen und zugedeckt 10 Minuten stehen lassen. Anschließend die Gewürze entnehmen.
Die Datteln zu einer Rolle kneten und in schmale Scheiben schneiden. Die Scheiben nochmals zu einer Rolle formen und wieder in schmale Scheiben schneiden.
Die Fruchtmasse mit Zitronensaft und etwa 100 ml handwarmer Gewürzbrühe übergießen und mit geriebener Zitronenschale, Nussmehl, Honig, Gewürzen und Johannisbrotkernmehl gründlich verkneten. Je nach Trockenheitsgrad der Früchte noch etwas Gewürzbrühe zugeben, damit ein geschmeidiger Teig entsteht.
Formen und backen wie auf Seite 22 beschrieben.

Zu den Kugeln passt beispielsweise Birnensauce (siehe S. 152) oder Mandarinenschaum (siehe S. 153).

Bratapfelburger

Für 4 Stück:
80 g Haselnüsse, gemahlen
je ½ TL Zimt und Bourbon-Vanillepulver
1 – 2 EL Nussöl
Saft einer halben Zitrone
1 EL Honig
1 TL abgeriebene Schale einer unbehandelte Zitrone
2 EL ungeschwefelte Rosinen
2 säuerliche Äpfel
16 Gewürznelken
4 Bun-Rolls (amerikanische Brötchen, siehe S. 140)

Haselnussmehl mit den Gewürzen mischen und mit Nussöl, Zitronensaft und Honig verrühren; Zitronenschale und Rosinen untermengen. Die Äpfel quer zum Stil halbieren und das Kernhaus großzügig herausschneiden. Die Nussfüllung in die ausgesparten Höhlen drücken. Die Apfelhälften mit der Schnittfläche auf ein gefettetes Blech legen und jede Hälfte mit 4 Gewürznelken spicken. In der auf 220 °C vorgeheizten Backröhre auf mittlerer Etage etwa 10 Minuten backen, bis die Apfelschale runzelig wird. Während der letzten 3 Minuten die aufgeschnittenen Buns mit der Schnittfläche auf ein separates Backblech legen und mit Alufolie (kann mehrfach verwendet werden) abdecken, damit sie weich bleiben. Auf unterster Schiene einschieben. Die heißen Bratapfelhälften auf die mit Sauce vorbereiteten Unterteile der Buns legen. Die Gewürznelken entfernen, nochmals einen Klecks Sauce auf die Äpfel geben und die Bun-Deckel aufsetzen.

Zu den Burgern passt beispielsweise Vanillecreme (siehe S. 154).

Bun-Rolls (amerikanische Burgerbrötchen)

Für 16 Stück:

1 TL Vollmeersalz
500 g Weizenvollkornmehl, frisch gemahlen
¼ l Mineralwasser, zimmerwarm
2 TL Honig
1 Würfel Hefe
1 Ei (vegan: Ei-Ersatz siehe S. 15)
2 EL Sonnenblumenöl
2 EL Sesamsamen

Das mit Salz vermischte Mehl in eine Schüssel geben, eine Vertiefung hineindrücken. Die mit Wasser und Honig verquirlte Hefe in der Mulde mit etwas Mehl zu einem dicklichen Brei verrühren. Das »Dämpfchen« zugedeckt ca. 15 Minuten gären lassen.
Mit Ei und Öl zu einem geschmeidigen Teig verarbeiten und 5 Minuten gut durchkneten. Zugedeckt 30 Minuten gehen lassen, bis sich das Teigvolumen etwa verdoppelt.
16 Brötchen formen, mit Wasser befeuchten und mit Sesam bestreuen und auf dem mit Folie belegten Blech in der 30 °C warmen Backröhre nochmals 10 Minuten gehen lassen.
Bei 220 °C (nicht mit Umluft) auf mittlerer Schiene ca. 20 Minuten mit Alufolie abgedeckt backen.

Tipp: Auch ein Kindermund sollte von einem mit Burger gefüllten Bun gut abbeißen können. Damit die Buns schön weich bleiben, lässt man sie während der ganzen Backzeit mit Folie bedeckt.

Saucen, das Tüpfelchen auf dem »i«

Pikante und scharfe Saucen

Tomatenketchup

1,5 kg Tomaten
150 g Gemüsezwiebeln, fein gehackt
5 EL Sesamöl
2 TL (ca. 12 g) gekörnte Gemüsebrühe
2 TL Kräuterpulver
5 TL Paprikapulver, edelsüß
1 TL Rosenpaprikapulver
1 ½ EL Obstessig
3 EL Blütenhonig
3 EL Tomatenmark
Kräutersalz
Pfeffer

Tomaten in grobe Stücke schneiden. Zwiebeln in Öl glasig dünsten. Tomaten hinzufügen und abgedeckt 10 Minuten köcheln. Die Masse in ein grobes Sieb geben und die überschüssige Flüssigkeit in einer Schüssel auffangen. Dem Mus, etwa 850 g, die übrigen Zutaten hinzufügen und mit dem elektrischen Handmixer gründlich pürieren. Mit Salz und Pfeffer abschmecken. Das Ketchup ist etwa 4 Wochen haltbar.

Harissa

120 g getrocknete rote Chilis, ohne Stielansatz
1 – 2 TL Koriandersamen
1 TL Kreuzkümmel
1 EL Tomatenmark
30 g Knoblauch, gerieben
40 ml Olivenöl
½ El Vollmeersalz

Die Chilis in einem Töpfchen mit Wasser übergießen, kurz aufkochen und abgedeckt 20 Minuten lang quellen lassen. In der Zwischenzeit Koriandersamen und Kreuzkümmel in der trockenen Pfanne unter ständigem Rühren bei mittlerer Hitze rösten, bis die Samen angenehm duften. Anschließend in der Gewürz- oder Kaffeemühle fein mahlen oder im Mörser fein zerstoßen. Die Chilis aus dem Wasser nehmen, abtropfen und mit 2 – 3 EL Kochwasser und den übrigen Zutaten in einem hohen Becher geben und mit dem Handmixgerät zu einer weichen Paste verarbeiten. In einem mit kochendem Wasser ausgespülten Schraubglas aufbewahrt, hält Harissa mehrere Monate lang.

Chilisauce

200 g rote, spanische Pfefferschoten, ohne Stielansatz
80 g Vollmeersalz
1 TL Essigessenz

Schoten inklusive Kernhaus grob schneiden und mit Salz und Essigessenz in einem hohen Becher mit dem Handmixer zu Mus pürieren. In einem mit kochendem Wasser ausgespülten Schraubglas aufbewahrt, bleibt Chilisauce mehrere Monate lang haltbar.

Honigsenf

100 g Senfkörner, gemahlen
60 g Apfelessig
80 ml stilles Mineralwasser
60 g Blütenhonig
ca. 15 g Vollmeersalz
Pfeffer

Senfmehl mit Apfelessig, Mineralwasser und Honig zu einem Brei verrühren. Mit Salz und Pfeffer abschmecken. Der Senf bleibt mehrere Wochen haltbar.

Remouladensauce

das Weiße zweier hart gekochter Eier, klein gewürfelt
je 2 EL Kapern und Pfeffergurken, fein gehackt
160 g Crème fraîche
Kräutersalz
Pfeffer

Eierwürfel, Kapern und Pfeffergurken unter die Crème fraîche rühren und mit Salz und Pfeffer abschmecken. Die Remouladensauce hält gekühlt etwa eine Woche.

Scharfe Tomatensauce

300 g Tomatenfruchtfleisch, klein gewürfelt
1 rote Peperoni, fein gewürfelt
2 EL Olivenöl
½ TL Harissa (siehe S. 143)
2 EL Basilikum, klein gehackt
1 EL Rosmarin, klein gehackt
50 g Crème fraîche
Chilipulver
Kräutersalz und Pfeffer

Tomate und Peperoni kurz in Öl dünsten, dann mit Harissa und Kräutern pürieren. Nach dem Abkühlen Crème fraîche unterrühren und mit Chilipulver, Salz und Pfeffer abschmecken.

Curry-Mango-Sauce

1 Frühlingszwiebel, feine Ringe
1 kleine Knoblauchzehe, zerdrückt
1 eingelegte Trockentomate, klein gewürfelt
1 EL Sesamöl
1 TL Chiliöl
1 reife Mango, fein geschnitten
1 – 2 EL Curry nach Geschmack
2 EL Honigsenf (siehe S. 144)
200 g Crème fraîche
Vollmeersalz
Pfeffer

Zwiebeln, Knoblauch und Tomatenwürfel in Öl anbraten. Mango und Curry zugeben und kurz mitdünsten. Senf unterrühren. Nach dem Abkühlen die Crème fraîche unterziehen. Mit Salz und Pfeffer abschmecken.

Teufelssauce

2 – 3 rote Chili, fein geschnitten
1 kleine Knoblauchzehe, zerdrückt
½ Zwiebel, fein geschnitten
2 EL Olivenöl
150 ml Tomatenketchup (siehe S. 142)
150 g Mangofruchtfleisch, sehr klein gehackt
50 g Crème fraîche
2 EL Sojasauce (Bio-Tamari)
3 EL Blütenhonig
1 – 2 TL Chilipulver
¼ TL Korianderpulver
2 – 3 EL Koriandergrün (oder Petersilie), fein gehackt

Chilischoten, Knoblauch und Zwiebeln in Öl anbraten. Nach dem Abkühlen mit allen weiteren Zutaten gründlich verrühren.

Grüne Sauce

1 Frühlingszwiebel, feine Ringe
2 EL Sonnenblumenöl
150 g Sauerrahm
200 g Naturjoghurt (3,5 %)
2 EL Zitronensaft
1 TL Honigsenf (siehe S. 144)
1 Knoblauchzehe, zerdrückt
3 Tassen gemischte Kräuter nach Saison, klein gehackt
100 g Cornichons, klein gewürfelt
Kräutersalz
Pfeffer

Zwiebeln in Öl glasig dünsten und abkühlen lassen. Sauerrahm mit Joghurt verrühren und alle übrigen Zutaten untermischen. Die Sauce mit Salz und Pfeffer abschmecken.

Ananas-Kokos-Sauce

150 g Ananasfruchtfleisch, sehr klein gehackt
50 g Kokosflocken
1 kleine Knoblauchzehe, zerdrückt
1 EL Erdnussöl
1 EL frische Ingwerwurzel, gerieben
1 EL Currypulver
½ TL Cayennepfeffer
2 – 3 EL Crème fraîche
1 Prise Salz

Ananaswürfel mit den Kokosflocken mischen. Knoblauch in Öl anbraten. Ingwer, Curry und Cayennepfeffer hinzufügen und ziehen lassen. Pfanneninhalt nach dem Abkühlen mit dem Ananas-Kokosflocken-Gemisch verrühren und die Crème fraîche unterziehen. Mit etwas Salz abschmecken.

Senfsauce

2 EL Honigsenf (siehe S. 144)
4 TL Blütenhonig
2 EL Zitronensaft, unbehandelt
1 EL Sojasauce (Bio-Tamari)
1 Bund Dill oder Petersilie, fein geschnitten
200 g Crème fraîche

Die Zutaten mischen und unter die Crème fraîche ziehen.

Schnittlauch-Cornichon-Sauce

1 Tasse Schnittlauch, feine Röllchen
4 Cornichons, klein gewürfelt
1 kleine Schalotte, fein gehackt
100 g Sahne
1 TL Honig
150 g Crème fraîche
Kräutersalz
Pfeffer

Alle Zutaten mischen und unter die Crème fraîche heben. Mit Salz und Pfeffer abschmecken.

Süßscharfe Ingwersauce

4 Ingwernüsse, sehr fein gehackt
3 TL Honig
2 – 3 TL Tomatenmark
200 g Crème fraîche
Vollmeersalz
½ TL Chilipulver

Ingwer mit den übrigen Zutaten verrühren und unter die Crème fraîche heben. Mit Salz und Chilipulver abschmecken.

Knoblauchraita

3 – 4 Knoblauchzehen, zerdrückt
2 TL Zitronensaft
4 EL Cornichons, gewürfelt
2 EL Petersilie, fein gehackt
300 g Naturjoghurt (3,5 %)
Kräutersalz
Pfeffer

Knoblauch, Zitronensaft, Cornichons und Petersilie unter den Joghurt ziehen. Mit Salz und Pfeffer pikant abschmecken.

Gurkenraita

200 g Salatgurke, geschält
Vollmeersalz
200 g Naturjoghurt (3,5 %)
1 MSP Kreuzkümmelpulver
1 TL Kümmel, gemahlen
1 EL frische Dillspitzen
Kräutersalz
Pfeffer

Die Gurke der Länge nach halbieren, mit Salz bestreuen und eine halbe Stunde lang »weinen« lassen. Mit Küchenkrepp abtrocknen und das Kernhaus herauskratzen. Die Gurke fein raspeln und mit dem Joghurt verrühren. Gewürze und Dill untermischen und mit Kräutersalz und Pfeffer abschmecken.

Käsesaucen

Käse-Pfeffer-Sauce

100 g Butterkäse, fein gerieben
250 g Crème fraîche
2 TL grüner, eingelegter Pfeffer, gehackt
20 g Zwiebeln, gehackt
1 TL Kräuterpulver (siehe S. 16)
Kräutersalz
Pfeffer

Butterkäse mit Crème fraîche cremig rühren und grünen Pfeffer, Zwiebeln, Kräuter und Kräuterpulver untermischen. Mit Salz und Pfeffer würzen.

Gorgonzolasauce

150 g Gorgonzola, zerdrückt
100 g Crème fraîche
2 EL Sahne
1 EL Basilikum, fein geschnitten
roter Pfeffer

Gorgonzola mit Crème fraîche und Sahne pürieren. Basilikum unterrühren und die Sauce mit Pfeffer abschmecken.

Süße Saucen

Kokos-Bananen-Sauce

100 g Kokoscreme (Asienladen)
1 Prise Vollmeersalz
1 EL Maisstärke, aufgelöst in 2 EL Wasser
200 g Bananenfruchtfleisch, zerdrückt
1 EL Blütenhonig
2 – 3 EL Crème fraîche

Die Kokoscreme mit Salz und gelöster Maisstärke verrühren. Bei niederer Temperatur köcheln, bis die Sauce eindickt. Bananen in die Kokossauce rühren und 5 Minuten weiterköcheln. Nach dem Abkühlen Honig und Crème fraîche unterziehen.

Birnensauce

200 g Birnenfruchtfleisch, klein geschnitten
½ Zimtstange
1 Sternanis
5 Gewürznelken
2 EL Orangensaft
4 EL Orangenlikör
200 g Crème fraîche

Birnen und Gewürze in Orangensaft in offenem Topf dünsten, bis die Flüssigkeit eingekocht ist. Nach dem Abkühlen Gewürze entfernen, die Sauce mit Orangenlikör pürieren und unter die Crème fraîche ziehen.

Preiselbeersauce / Erdbeersauce

200 g Preiselbeeren oder Erdbeeren (eventuell tiefgekühlt)
4 EL Wasser
1 Prise Salz
2 TL Zitrone
3 – 4 EL Honig
½ TL Delifrut (siehe S. 17)

Beeren mit Wasser, Salz und Zitrone etwa 5 Minuten köcheln lassen und noch lauwarm mit Honig und Delifrut verrühren.

Mandarinenschaum / Orangenschaum

200 g Sahnequark
2 TL abgeriebene Schale einer
* unbehandelten Mandarine oder Orange*
2 EL Honig
1 TL Bourbon-Vanillepulver
3 Mandarinen (2 Orangen), klein gewürfelt
8 Erdbeeren oder Himbeeren, zerdrückt

Sahnequark mit Fruchtschale, Vanillepulver und Honig schaumig schlagen. Die Früchte unterheben.

Erdbeercreme

100 g frische Erdbeeren oder tiefgekühlt, zerdrückt
3 TL Blütenhonig
½ TL Delifrut (siehe S. 17)
1 TL Minzeblättchen, fein gehackt
200 g Crème fraîche

Erdbeeren mit Honig, Delifrut und Minze verrühren und unter die Crème fraîche ziehen.

Vanillecreme

300 g Crème fraîche
2 EL Blütenhonig
1 TL Bourbon-Vanillepulver

2 – 3 Esslöffel Crème fraîche mit Honig und Vanillepulver gründlich mischen und unter die restliche Crème fraîche ziehen.

Autorin und Illustrator

Marianne J. Voelk führte nach einem Sprachstudium 17 Jahre lang eine eigene Privatschule, bevor sie sich aufgrund einer Arthrose der Naturheilkunde zuwandte und eine Ausbildung zur Gesundheitsberaterin GGB absolvierte.
Mit Hilfe der vegetarischen und vitalstoffreichen Vollwertkost wurde sie innerhalb kurzer Zeit geheilt und kann wieder ihren Hobbys Bergwandern und Tanzsport nachgehen.
Marianne J. Voelk arbeitet heute als Gesundheitsberaterin der GGB mit den Schwerpunkten vegetarische Ernährung, Naturheilverfahren sowie Lebensberatung.
Weiterhin ist sie Fachbuchautorin für Gesundheits- und Ernährungsthemen und hat zu diesen Themen bereits zahlreiche Bücher veröffentlicht.

Moritz Hornung, geboren 1985, besucht in Nürnberg die Fachoberschule für Kunst und Gestaltung.
Schon in frühen Jahren kristallisierte sich seine zeichnerische Begabung heraus. Das Karikieren macht ihm besonderen Spaß und er erhielt mit der Arbeit an dem vorliegenden Buch die erste Gelegenheit, sein Können zu beweisen.
Moritz Hornung ist der Enkel der Autorin.

Rezepte von A – Z

Alfalfasprossenburger 101
Allgäuer Kräuterflädle 54
Amaranthbällchen 59
Ananas-Kokos-Sauce 148
Ananas-Weinkraut-Burger 74
Apfel-Kokos-Burger 130
Appenzellpuffer 117
Auberginentortillas 64
Austernpilzburger 126
Azukikroketten 87

Balkanburger 46
Bananen-Kokos-Sauce 152
Bananen-Schoko-Kroketten 133
Basmatiplätzchen 58
Birnensauce 152
Bombayburger 32
Bratapfelburger 138
Buchweizenburger 62
Bun-Rolls (amerikanische
  Burgerbrötchen) 140

Camembertkroketten 120
Cashewkernbällchen 93
Champignontortillas 123
Chilisauce 143
Chinaburger 35
Cornichons-Schnittlauch-Sauce ... 149
Corntortillas 53
Curryburger 80
Curry-Mango-Sauce 145

Dattelkugeln 136
Dinkelbratlinge 52

Erdbeercreme 154
Erdbeersauce 153
Erdnussbratlinge 98

Falafel 86
Feigentaler 131
Frikadellen, grüne 73

Gewürzfrikadellen 55
Gorgonzolasauce 151
Goudabuletten 116
Grüne Frikadellen 73
Grüne Sauce 147
Grünkern-Kümmel-Puffer 48
Gruyèrebällchen 112
Gurkenraita 150

Harissa 143
Haselnussküchle, Kärntner 94
Hirsetaler 49
Honigsenf 144

Indianerburger Maskoki 30
Indianerburger Tarahumara 28
Ingwersauce, süßscharfe 149
Italyburger 42

Kamutburger, scharfe 50
Karibikburger 31
Kärntner Haselnussküchle 94
Käse-Pfeffer-Sauce 151
Keniaburger 36
Kidneypuffer 82
Knoblauchraita 150
Knoblauch-Zwiebel-Buletten 70
Kohlrabipuffer 72
Kokos-Ananas-Sauce 148
Kokos-Apfel-Burger 130
Kokos-Bananen-Sauce 152
Koriandertaler 84
Kräuterflädle, Allgäuer 54
Kümmel-Grünkern-Puffer 48

Kürbiskernpuffer, steiermärkische .. 90

Limburger 114
Linsensprossenpuffer 104

Mainzburger 111
Mandarinenschaum 153
Mandelkroketten 91
Mandelmilch 135
Mango-Curry-Sauce 145
Mangopuffer 132
Maronenkroketten 96
Mexikoburger 26
Mohnküchle 134
Mozzarellatortillas 113
Mungoburger 85
Mungosprossenfladen 108

Orangenschaum 153

Paprikatortillas 78
Parmesantortillas 110
Pfefferbuletten 88
Pfeffer-Käse-Sauce 151
Pfifferlingbällchen 122
Pistazienburger 92
Preiselbeersauce 153
Pusztaburger 44

Quinoakroketten 60

Räuberburger Ronja 68
Räucherburger 56
Remouladensauce 144
Rettichsprossenbällchen 102

Roquefortkroketten 115
Rüeblifladen 66

Salonikiburger 40
Sauce, grüne 147
Schafskäsefrikadellen 118
Scharfe Kamutburger 50
Scharfe Tomatensauce 145
Schnittlauch-Cornichons-Sauce 149
Schoko-Bananen-Kroketten 133
Senfsauce 148
Senfsprossenfrikadellen 106
Shiitake-Kroketten 128
Spargelfrikadellen 76
Steiermärkische Kürbiskernpuffer ... 90
Steinpilzbuletten 124
Süßscharfe Ingwersauce 149

Teufelssauce 146
Thaiburger 34
Toledoburger 38
Tomatenketchup 142
Tomatensauce, scharfe 145

Vanillecreme 154

Waldorfkroketten 67
Waliser Walnusstaler 95
Walnusstaler, waliser 95
Weinkraut-Ananas-Burger 74
Weizenkeimkroketten 100

Zucchinibratlinge 71
Zwiebel-Knoblauch-Buletten 70

Fantastisch vegetarisch

Ute Rabe:
Dinkel und Grünkern
ISBN: 3-89566-189-9

Margrit Stevanon:
Aufläufe und Gratins
ISBN: 3-89566-180-5

Wolfgang Hertling:
Kochen mit Hirse
ISBN: 3-89566-164-3

Astrid-Poensgen-Heinrich:
Köstliche Kartoffelküche
ISBN: 3-89566-181-3

Vegetarisches mit Cartoons von Renate Alf

Klaus Weber:
Das Buch vom guten Pfannkuchen
ISBN: 3-89566-151-1

Astrid-Poensgen-Heinrich:
Spargelzeit!
ISBN: 3-89566-185-6

Jutta Grimm:
Vegetarisch grillen
ISBN: 3-89566-140-6

Claudia Schmidt:
Alles Tomate!
ISBN: 3-89566-152-X

pala-verlag • Postfach 11 11 22 • 64226 Darmstadt • www.pala-verlag.de

ISBN: 3-89566-199-6
© 2004 pala-verlag, Rheinstr. 37, 64283 Darmstadt
www.pala-verlag.de
Alle Rechte vorbehalten
In Zusammenarbeit mit dem Deutschen Reform-Verlag, Oberursel
Illustrationen: Moritz Hornung
Umschlaggestaltung: Karin Bauer
Druck: fgb • freiburger graphische betriebe
www.fgb.de
Dieses Buch ist auf Papier aus 100 % Recyclingmaterial gedruckt.